Fälle

Strafrecht BT

Vermögensdelikte

2016

Olaf Klimke
Vorsitzender Richter
am Hanseatischen Oberlandesgericht Hamburg

Dr. Joachim Kretschmer
Rechtsanwalt, Privatdozent, Repetitor – Berlin

ALPMANN UND SCHMIDT Juristische Lehrgänge Verlagsges. mbH & Co. KG
48143 Münster, Alter Fischmarkt 8, 48001 Postfach 1169, Telefon (0251) 98109-0
AS-Online: www.alpmann-schmidt.de

Klimke, Olaf
Dr. Kretschmer, Joachim

Fälle
Strafrecht BT
Vermögensdelikte

5. Auflage 2016
ISBN: 978-3-86752-452-0

Verlag Alpmann und Schmidt Juristische Lehrgänge
Verlagsgesellschaft mbH & Co. KG, Münster

Unterstützen Sie uns bei der Weiterentwicklung unserer Produkte.
Wir freuen uns über Anregungen, Wünsche, Lob oder Kritik an:
feedback@alpmann-schmidt.de

Benutzerhinweise

Die Reihe „Fälle" ermöglicht sowohl den Einstieg als auch die Wiederholung des jeweiligen Rechtsgebiets anhand von Klausurfällen. Denn unser Gehirn kann konkrete Sachverhalte besser speichern als abstrakte Formeln.

Ferner erfordern Prüfungsaufgaben regelmäßig das Lösen konkreter Fälle. Hier muss dann der Kandidat beweisen, dass er das Erlernte auf den konkreten Fall anwenden kann und die spezifischen Probleme des Falles entdeckt. Außerdem muss er zeigen, dass er die richtige Mischung zwischen Gutachten- und Urteilsstil beherrscht und an den Problemstellen überzeugend argumentieren kann. Während des Studiums besteht die Gefahr, dass man zu abstrakt lernt, sich verzettelt und letztlich gänzlich den Überblick über das wirklich Wichtige verliert.

Nutzen Sie die jahrzehntelange Erfahrung unseres Repetitoriums. Seit bald 60 Jahren wenden wir konsequent die Fallmethode an. Denn ein **prüfungsorientiertes Lernen** muss „hart am Fall" ansetzen. Schließlich sollen Sie keine Aufsätze oder Dissertationen schreiben, sondern eine überzeugende Lösung des konkret gestellten Falles abgeben. Da wir nicht nur Skripten herausgeben, sondern auch in mündlichen Kursen Studierende ausbilden, wissen wir aus der täglichen Praxis, „wo der Schuh drückt".

Die Lösung der „Fälle" ist kompakt und vermeidet – so wie es in einer Klausurlösung auch sein soll – überflüssigen, dogmatischen „Ballast". Die Lösungen sind, wie es gute Klausurlösungen erfordern, komplett durchgegliedert und im Gutachtenstil ausformuliert, wobei die unproblematischen Stellen unter Beachtung des Urteilsstils kurz ausfallen.

Wir vermitteln hier die Klausuranwendung. Die Reihe „Fälle" **ersetzt nicht die Erarbeitung der gesamten Rechtsmaterie** und ihrer Struktur. Übergreifende Aufbauschemata für das gesamte Strafrecht finden Sie in unserem „Aufbauschemata Strafrecht". Ferner empfehlen wir Ihnen zur Erarbeitung der jeweiligen Rechtsmaterie unsere Reihe „Basiswissen". Mit dieser Reihe gelingt Ihnen der erfolgreiche Start ins jeweilige Rechtsgebiet: verständlich dargestellt und durch zahlreiche Beispiele, Übersichten und Aufbauschemata anschaulich vermittelt. Sofern die RÜ zitiert wird, handelt es sich um unsere Zeitschrift „Rechtsprechungsübersicht", in der monatlich aktuelle, examensverdächtige Fälle gutachterlich gelöst erscheinen.

Viel Erfolg und viel Spaß!

INHALTSVERZEICHNIS

1. Teil: Diebstahl

Fall 1: Herrenlosigkeit der Sache
(AG Köln, Urt. v. 10.08.2012 – 526 Ds 395/12, BeckRS 2012, 20013)

D begab sich auf die Hohenzollernbrücke in Köln. Dort schnitt er mit einem Bolzenschneider mehrere Streben der Brücke durch, um auf diese Art an dort befestigte „Liebesschlösser" zu gelangen. Dabei handelt es sich um normale Sicherheitsschlösser. Diese werden von Verliebten als Symbol ewiger Liebe an Brücken befestigt, mit ihren Namen oder sonstigen Symbolen versehen und der Schlüssel wird dann weggeworfen. D entfernte 52 Schlösser mit einem Gesamtgewicht von etwa 15kg, um diese bei einem Altmetallhändler zu verkaufen.

Hat sich D strafbar gemacht? Etwaige Strafanträge sind gestellt.

I. D könnte einen **Diebstahl nach § 242 Abs. 1 StGB**[1] begangen haben, indem er die „Liebesschlösser" von der Hohenzollernbrücke abmontiert hat, um diese zu verkaufen.

1. Die Schlösser sind als **körperliche Gegenstände bewegliche Sachen**.

2. Fraglich ist, ob die Schlösser zum Zeitpunkt der Tat **fremd** waren.

Fremd ist eine Sache, wenn sie im Eigentum eines anderen steht.[2] Die Eigentumslage bestimmt sich akzessorisch nach dem BGB. Herrenlose Sachen sind nicht fremd. Ursprünglich standen die Schlösser im Eigentum derjenigen, die diese Schlösser gekauft und als Symbol ihrer Liebe an der Brücke befestigt haben.

a) Möglicherweise haben sie ihr Eigentum aufgegeben. **Herrenlos** wird eine Sache, wenn der Eigentümer in der Absicht, auf das Eigentum zu verzichten, den Besitz daran aufgibt (§ 959 BGB). Der Verzichtswille muss nicht ausdrücklich erklärt werden, er kann sich auch aus den Umständen ergeben, z.B. durch Wegwerfen einer Sache. Ob aber bereits aus einer Besitzaufgabe ohne weiteres auf einen Eigentumsverzicht geschlossen werden kann, hängt von den Umständen des Einzelfalles ab.[3]

b) Nun mag es so sein, dass die an der Brücke angebrachten Schlösser als Zeichen ewiger Liebe für ewig dort hängen bleiben sollen. Diejenigen, die diese „Liebesschlösser" dort anbringen, wollten diese nicht dauerhaft loswerden.[4] Das überzeugt nicht.[5] Man darf nicht erwarten, dass die Schlösser für ewig dort hängen bleiben. Die Schlösser sind der Verwitterung ausgesetzt. Zudem werfen die ursprünglichen Eigentümer die Schlüssel weg. Sie geben damit ihr Eigentumsinteresse auf. Die Symbolkraft der

---

1 §§ ohne Angabe sind ab sofort §§ nach dem StGB.
2 Fischer § 242 Rn. 5; Wessels/Hillenkamp BT 2 Rn. 79.
3 BeckOK-BGB/Bamberger/Roth § 959 Rn. 2.
4 AG Köln, Urt. v. 10.08.2012 – 526 Ds 395/12, BeckRS 2012, 20013; Jahn JuS 2013, 271; Wessels/Hillenkamp BT 2 Rn. 79.
5 AnwK-StGB/Kretschmer § 242 Rn. 11.

ewigen Liebe hat mit dem geschützten Rechtsgut Eigentum nichts zu tun. Die Schlösser werden im Übrigen auch nicht der Deutschen Bahn als Eigentümerin der Brücke übereignet.

Die abmontierten Schlösser standen **nicht im Eigentum eines anderen**. Sie waren nicht diebstahlstauglich. D hat sich **nicht wegen Diebstahls** strafbar gemacht.

II. D hat sich **wegen Sachbeschädigung nach § 303 Abs. 1** strafbar gemacht, indem er mehrere Streben der Brücke beschädigt hat.

Fall 2: Vollendeter Diebstahl bei Ergreifen eines Mobiltelefons
(BGH, Beschl. v. 06.07.2010 – 3 StR 180/10, RÜ 2010, 705)

A veranlasste S, ihm sein Mobiltelefon zu zeigen. A nahm ihm dieses sodann aus der Hand und verlangte für die Rückgabe 20 €. Dabei kam es ihm nicht auf das Handy, sondern auf das Geld an. S lehnte jedoch eine Zahlung ab. Hierauf fasste A den Entschluss, das Mobiltelefon zu behalten und für eigene Zwecke zu verwenden. Nach Entnahme der SIM-Karte, die er dem S aushändigte, steckte er es in seine Tasche und entfernte sich. Der S folgte ihm und forderte sein Eigentum zurück. Um sich im Besitz des gestohlenen Handys zu halten, schlug A dem S daraufhin mit der flachen Hand ins Gesicht und drohte ihm mit Schlägen für den Fall, dass er ihm weiter hinterher ginge. Dem fügte sich der S.

Strafbarkeit des A? Etwa erforderliche Strafanträge sind gestellt.

I. Durch das Ansichnehmen des Handys könnte A einen **Diebstahl** gemäß **§ 242 Abs. 1** begangen haben.

1. Das im Eigentum des S stehende Gerät war für A eine fremde bewegliche Sache.

2. Fraglich ist, ob A das Handy bereits weggenommen hatte, als er das Gerät in den Händen hielt. Eine **Wegnahme** setzt voraus, dass **fremder Gewahrsam gebrochen** und **neuer Gewahrsam begründet** worden ist. Zweifel an der Begründung neuen Gewahrsams und damit an der Tatvollendung könnten deshalb bestehen, weil A das Gerät offen sichtbar in der Hand hielt und sich S als bisheriger Gewahrsamsträger in unmittelbarer Zugriffsnähe aufhielt; insofern könnte auch nur eine Gewahrsamslockerung erwogen werden.

Ob eine Gewahrsamserlangung und damit objektiv eine Vollendung des Diebstahls vorliegt, ist nach der Verkehrsauffassung zu beurteilen.[6] Es kommt darauf an, ob der neue Gewahrsamsinhaber die Herrschaft über die Sache ungehindert durch den alten Gewahrsamsinhaber ausüben kann (objektiv) und will (subjektiv). Dabei kommen Größe und Beschaffenheit des Tatobjekts eine erhebliche Bedeutung zu. Der BGH lässt bei handlichen und leicht beweglichen Sachen regelmäßig schon ein Ergreifen und Festhalten des Gegenstands als Wegnahmehandlung genügen und weist in Fällen, in denen der Täter einen leicht zu transportierenden Gegenstand an sich gebracht hat, einer Person jedenfalls dann die ausschließliche Sachherrschaft zu, wenn sie den umschlossenen Herrschaftsbereich des Gewahrsamsinhabers verlassen hat an.[7] Dabei ändert die Anwesenheit des Opfers bzw. Beobachtung des auf frischer Tat betroffenen Täters nichts, da der Diebstahl keine heimliche Tat ist.

Vorliegend ist die Wegnahme bereits mit Ansichnehmen des Handys vollendet. Ein Verlassen des Tatorts zur Vollendung ist nicht mehr erforderlich,

---

6 Fischer § 242 Rn. 17; Wessels/Hillenkamp BT 2 Rn. 82 ff.

7 BGH, Beschl. v. 16.09.2014 – 3 StR 373/14, RÜ 2015, 24: Einstecken eines Notebooks in einen Jutebeutel.

zumal das Opfer nur noch mit eigenem körperlichen Einsatz wieder die tatsächliche Sachherrschaft über das Handy hätte erlangen können.

Danach hatte A bereits mit Ansichnehmen das Handy weggenommen.

3. A handelte hinsichtlich des Tatobjekts und der Tathandlung **vorsätzlich**.

4. A müsste auch **Zueignungsabsicht** besessen haben, als er das Gerät an sich nahm. Dann müsste er in der Vorstellung gehandelt haben, den Berechtigten dauerhaft zu enteignen und sich oder einem Dritten den Gegenstand anzueignen, wobei nach der Vereinigungstheorie entweder die Sache selbst oder der in ihr verkörperte Sachwert dem Vermögen des Berechtigten dauerhaft entzogen und dem des Nichtberechtigten zumindest vorübergehend einverleibt werden soll.[8]

A ging es bei der Wegnahmehandlung allein darum, das weggenommene Handy als Druckmittel einzusetzen, um 20 € gleichsam als Lösegeld zu erlangen. Mit dieser Vorstellung wollte A weder die Sache selbst noch den in ihr verkörperten funktionsspezifischen Sachwert seinem Vermögen einverleiben. Soweit A später den Entschluss fasste, das Handy zu behalten, ist diese Vorstellung als nachfolgender Vorsatz (dolus subsequens) unschädlich, da allein die Vorstellung bei Begehung der Tat (§§ 8, 16) entscheidend ist.

Eine Strafbarkeit aus § 242 scheidet mithin aus.

II. Durch das Verlangen nach 20 € könnte A eine **versuchte Erpressung** gemäß **§§ 253 Abs. 1, 22** begangen haben.

1. Eine Erpressung ist mangels Zahlung nicht vollendet worden, der **Versuch** ist gemäß § 253 Abs. 3 unter Strafe gestellt.

2. A müsste den **Tatentschluss** gefasst haben, den S durch Drohung zu einem Handeln, Dulden oder Unterlassen zu nötigen, das sich unmittelbar vermögensmindernd auswirkte.

A wollte von S 20 € als Gegenleistung für die Rückgabe des Handys erhalten. Die Aufforderung nach einer Geldzahlung sollte nach Vorstellung des A zugleich konkludent die Drohung enthalten, bei Nichtzahlung das Handy einzubehalten. Ein derartiges Drohen mit einem Unterlassen der Rückgabe des Handys wäre, da A zur Rückgabe verpflichtet war, tatbestandlich ein in Aussicht gestelltes zukünftiges Übel für S. Hierdurch sollte S zu einer Geldzahlung und damit zu einer vermögensschädigenden Handlung veranlasst werden. A verfolgte damit die Absicht, seine Vermögenslage ohne entsprechenden Anspruch zu verbessern, sich also an dem Geld stoffgleich und rechtswidrig zu bereichern. Er hatte damit den Tatentschluss für eine Erpressung.

3. Zum **Versuch angesetzt** hat er gemäß § 22 mit Aussprechen der Drohung, also einer Teilverwirklichung des Tatbestandes.

4. Rechtswidrigkeit und **Schuld** liegen ebenfalls vor.

A ist damit strafbar wegen versuchter Erpressung.

---

8 Fischer § 242 Rn. 35.

III. Durch Entnahme der SIM-Karte und Einstecken des Handys hat A eine **Unterschlagung** gemäß **§ 246 Abs. 1** verwirklicht, da sich durch dieses Verhalten (erstmals) sein Zueignungswille eindeutig nach außen manifestierte.

Im vorliegenden Fall wird die Auffangfunktion der Unterschlagung – Stichwort: Zueignung ohne Wegnahme – deutlich!

IV. Durch den Schlag mit der Hand hat sich A wegen einer körperlichen Misshandlung und damit vorsätzlichen **Körperverletzung** gemäß **§ 223 Abs. 1** strafbar gemacht. Der für die Strafverfolgung nach § 230 erforderliche Strafantrag ist gestellt.

V. Die Begehung eines **Raubes** gemäß **§ 249 Abs. 1** durch diese Schläge scheidet aus, da A keine Gewalt zur Wegnahme eingesetzt hatte. Diese war bereits vorher vollendet.

VI. A könnte aber durch diesen Schlag einen **räuberischen Diebstahl** gemäß **§ 252** begangen haben. Dann müsste er bei einem Diebstahl auf frischer Tat betroffen gegen eine Person Gewalt verübt haben, um sich im Besitz des gestohlenen Gutes zu erhalten.

Beachte: § 252 setzt einen Diebstahl/Raub voraus. Bei einem nur versuchten Diebstahl kann die nachfolgende qualifizierte Nötigungshandlung die Tat zum Raub qualifizieren.

Vorliegend hatte A zwar nach der Wegnahme und einer weiteren Handlung Gewalt gegen eine Person eingesetzt, um im Besitz des weggenommenen Handys zu bleiben; allerdings hatte er zuvor mangels Zueignungsabsicht keinen Diebstahl verwirklicht, sodass ein räuberischer Diebstahl ausscheidet.

VII. A könnte durch den Schlag eine **räuberische Erpressung** gemäß **§§ 253, 255** begangen haben.

Die Prüfung einer Sicherungserpressung wird häufig übersehen!

1. A hat mit dem Schlag Gewalt gegen eine Person eingesetzt.

2. Durch die Gewaltanwendung hat er zugleich erreicht, dass das Opfer es als Folge der Gewalteinwirkung unterließ, ihn weiter zu verfolgen bzw. das Handy heraus zu verlangen.

Auf die umstrittene Frage, ob die Erpressung eine Vermögensverfügung verlangt, ist angesichts anerkannter Straflosigkeit der Sicherungserpressung nicht einzugehen. Zumal eine solche hier vorliegt.

3. Hierdurch müsste ein –weiterer- Vermögensnachteil eingetreten sein. Dieser Vermögensnachteil könnte vorliegend ausschließlich im endgültigen Besitzverlust des Handys zu erblicken sein. Der BGH sieht in Fällen derartiger Sicherungserpressungen, in denen der Täter zur Verteidigung bereits weggenommener Sachen nachfolgend Nötigungsmittel einsetzt, keinen neuen tatbestandlich eingetretenen Vermögensschaden[9] und lehnt eine Bestrafung aus § 255 ab.

Nach a.A. tritt die Sicherungserpressung als mitbestrafte Nachtat hinter diejenige Vortat, die eine Vermögensverschiebung herbeigeführt hatte, zurück.

VIII. Durch den Schlag hat A eine **Nötigung** gemäß **§ 240 Abs. 1** begangen, da S es infolge dieser Handlung unterließ, den A weiter zu verfolgen.

Ergebnis: A ist wegen Unterschlagung (§ 246 Abs. 1), tatmehrheitlich (§ 53) hierzu wegen Körperverletzung (§ 223 Abs. 1) in Tateinheit (§ 52) mit Nötigung (§ 240 Abs. 1) strafbar.

Die Annahme einer Sicherungserpressung widerspräche überdies der gesetzgeberischen Konzeption des § 252, wonach nur qualifizierte Nötigungsmittel nach einem Diebstahl – zudem auf frischer Tat betroffen – die Tat in eine räuberische Strafe qualifizieren soll.

9 BGH, Beschl. v. 10.10.1983 – 4 StR 450/83, NJW 1984, 501.

Fall 3: Diebstahl an Körperbestandteilen Verstorbener
(BGH, Beschl. v. 30.06.2015 – 5 StR 71/15, RÜ 2015, 584)

L war als Bediener für Einäscherungsanlagen in einem Krematorium beschäftigt. Zu seinen Aufgaben gehörte es, nach einem Verbrennungsvorgang ein Metallfach aus dem Ofen zu nehmen, in welchem sich Verbrennungsgegenstände befanden, und diese nach größeren Metallteilen, insbesondere künstlichen Gelenken, zu durchsuchen. Diese waren in einem Sammelbehälter zu werfen und wurden später durch das Krematorium veräußert. Darüber hinaus hatte L Zahngold und Schmuckreste aus den Verbrennungsrückständen zu entnehmen und gesondert abzulegen. Auch diese Gegenstände wurden veräußert, um die Erlöse an die Kinderkrebshilfe zu spenden. Die verbliebenen Reste wurden in einer Knochenmühle gemahlen und dann in die jeweilige Urne gefüllt. L entnahm im Rahmen seiner Tätigkeit in 110 Fällen an den Einäscherungsanlagen Zahngoldbruch aus den Ascheresten der zuvor eingeäscherten Verstorbenen, um diese selbst zu verkaufen, ohne sich Gedanken über die Eigentumslage zu machen.

Strafbarkeit des L?

I. L könnte sich wegen **Diebstahls gemäß § 242 Abs. 1** in tatmehrheitlich 110 Fällen strafbar gemacht haben, indem er das Zahngold aussortierte, um es zu veräußern.

Die Frage, ob das Tatobjekt eine fremde bewegliche Sache ist, ist nur selten Gegenstand eines Sachverhalts. Neben unserem Fall stellt sich die Frage in Klausuren bei einem Tier als Tatobjekt. Hier ist § 90 a BGB zu erwähnen. Entweder folgt man einem eigenständigen strafrechtlichen Sachenbegriff oder man verweist auf die gesetzlich angeordnete Analogie des § 90 a BGB. In einem unproblematischen Klausurfall bedarf es nur eines Satzes zur Bestimmung des Tatobjekts.

1. Dazu muss es sich bei dem Zahngold um eine **Sache i.S.d. § 242** gehandelt haben. Sachen im strafrechtlichen Sinne sind alle **körperlichen Gegenstände.**[10]

Der **lebende Mensch ist als Rechtssubjekt keine Sache.**[11] Implantate, die als künstliche Bestandteile natürliche Körperteile und -funktionen ersetzen oder unterstützen, verlieren daher ihre Sacheigenschaft, wenn sie mit dem menschlichen Körper fest verbunden und nicht jederzeit ablösbar sind. Das betrifft bspw. künstliche Hüftgelenke und Herzschrittmacher. Künstliche Körperbestandteile werden mit ihrem Einsatz zum Bestandteil des menschlichen Körpers. Der menschliche **Leichnam wird zur Sache.**[12] Auch hier teilen feste künstliche Bestandteile das rechtliche Schicksal des Leichnams. Das Zahngold als fester Bestandteil des menschlichen Körpers wird mit dem Tod des Menschen zu einer Sache.

2. Das Zahngold als Sache müsste **fremd** gewesen sein. **Fremd** ist eine Sache, **wenn sie im Eigentum eines anderen** steht.[13] Das setzt Eigentumsfähigkeit voraus. Der **menschliche Leichnam** ist in seinem postmortalen Persönlichkeitsschutz **nicht eigentumsfähig**, wenn er zur Bestattung bestimmt ist.[14] Das trifft auch auf die künstlichen Bestandteile des menschlichen Körpers zu. Es ist nicht zwischen Ersatzimplantaten oder nur unter-

10 Wessels/Hillenkamp BT 2 Rn. 74.

11 Jäger Examensrepetitorium BT Rn. 184; Kretschmer, JA 2015, 108; Wessels/Hillenkamp BT 2 Rn. 76.

12 OLG Nürnberg, Beschl. v. 20.11.2009 – 1 St OLG Ss 163/09, NJW 2010, 2071; Jäger Examensrepetitorium BT Rn. 184; Kretschmer JA 2015, 108.

13 Wessels/Hillenkamp BT 2 Rn. 79.

14 Jäger Examensrepetitorium BT Rn. 186a; Kudlich JA 2015, 872.

stützenden Implantaten zu unterscheiden.[15] Der menschliche Leichnam ist mit seinen ursprünglichen festen Bestandteilen nicht fremd. Das Zahngold der Verstorbenen war daher herrenlos.

L hat sich **nicht eines Diebstahls schuldig** gemacht.

Da sich L keine Gedanken über die Eigentumslage gemacht hat, kommt ein untauglicher Versuch nicht in Betracht.

II. L könnte sich wegen **Störung der Totenruhe nach § 168** strafbar gemacht haben, indem er das Zahngold aus den Ascheresten entfernte.

1. Dann müsste es sich bei dem Zahngold um **Asche als Tatobjekt** gehandelt haben.

§ 168 und die Definition von Asche als Tatobjekt gehören nicht zum strafrechtlichen Grundwissen. Hier sind Sprach- und Rechtsgefühl gefragt. Bei der Auslegung hilft stets der Blick auf das geschützte Rechtsgut.

a) Asche bezeichnet einen pulverigen staubartigen Verbrennungsrückstand, es handelt sich ausschließlich um Material, das nach dem Verbrennungsvorgang von dem verbrannten Gegenstand zurückgeblieben ist.[16] Danach sind Gegenstände, die das Feuer unversehrt überstanden haben und zusammen mit den Resten des verbrannten Materials am Ort der Verbrennung zurückgeblieben sind, keine Asche. Sie liegen lediglich in dieser. Demnach wäre das Zahngold nicht als Asche zu verstehen.

b) Zur **Asche gehören sämtliche nach der Einäscherung verbleibenden Rückstände** und somit auch die vormals mit einem Körper fest verbundenen fremden Bestandteile, die nicht verbrennbar sind.[17] Asche ist die Gesamtheit des Verbrennungsrückstands. Danach würde das Zahngold unter dem Begriff Asche fallen.

c) Der im Wortlaut weit gefasste Aschebegriff stimmt mit dem **Schutzgut des § 168** überein. Dieser besteht im **Pietätsgefühl der Allgemeinheit und im postmortalen Persönlichkeitsschutz** des Verstorbenen. Die Asche ist die Fortsetzung des Körpers und seiner Teile. Der Körper in seiner Gesamtheit und die Asche in ihrer Gesamtheit sind vom Schutzzweck erfasst.

Das **Zahngold war Teil der Asche**.

2. Dadurch dass L das Zahngold aus den Ascheresten an sich genommen hat, hat er ein fremdes Obhutsverhältnis – das des Krematoriums – gebrochen. Eine **Wegnahme** i.S.d. § 168 liegt vor.

Der Begriff der Wegnahme ist tatbestandsspezifisch auszulegen. Er verlangt in § 168 allein den Bruch des Obhutsverhältnisses, die Begründung eines neuen Gewahrsamsverhältnisses bedarf es nicht.

3. L handelte vorsätzlich und rechtswidrig und schuldhaft.

L hat sich **wegen Störung der Totenruhe strafbar** gemacht.

III. L könnte sich wegen **Verwahrungsbruch gemäß § 133 Abs. 1** strafbar gemacht haben.

1. Die Asche müsste sich **in dienstlicher Verwahrung** befunden haben. Eine Sache befindet sich in dienstlicher Verwahrung, wenn sie von einer Behörde, einem Amtsträger oder sonst hoheitlich in Gewahrsam genommen ist, **um sie der Behörde für hoheitliche Zwecke zu erhalten**. Gegenstände, die dem Verbrauch oder Gebrauch dienen, unterfallen nicht der dienstlichen Verwahrung. Die Asche samt Zahngold befand sich im Gewahrsam des Krematoriums zur Erfüllung des öffentlich-rechtlichen Bestattungswe-

15 Kretschmer, JA 2015, 108; aber Kindhäuser BT 2 § 2 Rn. 26.

16 OLG Nürnberg, Beschl. v. 20.11.2009 – 1 St OLG Ss 163/09, NJW 2010, 2071.

17 BGH, Beschl. v. 30.06.2015 – 5 StR 71/15, RÜ 2015, 584; Jäger Examensrepetitorium BT Rn. 186a; Kudlich JA 2015, 872, 873.

sens als hoheitlichen Zweck.[18] Das erfasst die Asche in ihrer Gesamtheit, wenn auch das Zahngold nicht verbrannt werden, sondern nach Veräußerung durch das Krematorium gespendet werden sollte.

2. L handelte vorsätzlich, rechtswidrig und schuldhaft.

L hat sich **wegen Verwahrungsbruchs nach § 133 Abs. 1 strafbar** gemacht.

Konkurrenzen und Ergebnis: L hat in 110 Fällen durch dieselbe Handlung zwei Straftatbestände erfüllt. Störung der Totenruhe und Verwahrungsbruch schützen verschiedene Rechtsgüter. Es liegt jeweils Tateinheit vor: §§ 133 Abs. 1, 168, 52; 53 StGB.

---

18 OLG Nürnberg, Beschl. v. 20.11.2009 – 1 St OLG Ss 163/09, NJW 2010, 2071; Jäger Examensrepetitorium BT Rn 186a; andere Ansicht wie sooft möglich.

Fall 4: Abgrenzung Trickdiebstahl/Betrug
(BGH, Beschl. v. 26.07.1995 – 4 StR 234/95, BGHSt 41, 198)

F ging im R-Markt mit einem Einkaufswagen in die CD-Abteilung, wo sie zwei CDs im Gesamtwert von 30 € aus den Auslagen nahm und flach auf den Boden des Einkaufswagens legte. Danach deckte sie diese mit einem Werbeprospekt ab und legte weitere Sachen in den Wagen. An der Kasse legte sie die oben liegenden Gegenstände auf das Band, nicht aber die CDs. Nach der Bezahlung mehrerer Gebrauchsgegenstände verließ sie den Kassenbereich und wurde hinter der Kassenzone von einem Detektiv, der alles beobachtet hatte, vorläufig festgenommen.

Strafbarkeit der F?

I. F könnte einen **Diebstahl** gemäß **§ 242 Abs. 1** begangen haben, als sie die CDs im Einkaufswagen unter dem Werbeprospekt versteckte.

Beachte: Anknüpfungsverhalten ist historisch zunächst das „Verstecken", nicht schon die Herausnahme aus den Auslagen.

1. Die CDs waren für F **fremde bewegliche Sachen**.

2. Das Abdecken der CDs mit dem Werbeprospekt wäre eine **Wegnahme**, wenn hierdurch Gewahrsam des R-Marktes gebrochen und bereits neuer Gewahrsam durch F begründet worden wäre. Nach der Verkehrsanschauung verliert ein Geschäftsinhaber den Alleingewahrsam an seinen Waren nicht bereits durch Verstecken der Ware im oder auf dem Boden des Einkaufswagens. Da das Geschäftspersonal befugt ist, den Inhalt des Einkaufswagens zu kontrollieren, wird der tatsächliche Zugriff des Geschäftsinhabers auf die Sache nicht wesentlich behindert. Bedeutungslos ist insoweit die fehlende Kenntnis des Geschäftsinhabers, wo sich die Gegenstände befinden, solange er nur den ungehinderten Zugriff auf die Sache behält.[19]

Anderes gilt beim Verstecken in mitgeführten Taschen oder Behältnissen.

Damit scheidet ein Diebstahl durch Abdecken der CDs aus.

II. F könnte jedoch einen **Diebstahl** gemäß **§ 242 Abs. 1** verwirklicht haben, als sie mit den versteckten CDs den Kassenbereich verließ.

Beachte: Neuer Obersatz, da anderes tatsächliches Verhalten

1. Möglicherweise waren die CDs aber zu diesem Zeitpunkt nicht mehr fremd, könnten mithin als taugliche Tatobjekte ausscheiden. Denn zeitgleich zum Kassiervorgang einigte sich das Kassenpersonal – gemäß § 56 HGB als Vertreter für den Geschäftsinhaber – mit der F über den Eigentumserwerb der Waren. Allerdings ist bei Auslegung der Willenserklärungen des Kassenpersonals gemäß §§ 157, 242 BGB zu berücksichtigen, dass eine Übereignung nur derjenigen Waren gewollt war, die wahrgenommen und abrechnungstechnisch erfasst waren, sich mithin nicht auf vorbeigeschmuggelte Waren erstreckte. Somit verblieben die CDs taugliche Tatobjekte.

2. Das Passieren des Kassenbereichs müsste sich des Weiteren als eine **Wegnahme** darstellen.

Dann hätte die F **fremden Gewahrsam brechen** und **neuen Gewahrsam begründen** müssen.

Dies könnte in zweierlei Hinsicht zweifelhaft sein: Das Kassenpersonal fertigte die F mitsamt Einkaufswagen vollständig ab, ließ sie also den Kassen-

19 Fischer § 242 Rn. 13.

bereich verlassen; im Übrigen wurde die F von einem einsatzbereiten Warenhausdetektiv bei der Tat beobachtet.

a) Eine Wegnahme setzt einen Gewahrsamswechsel unter **Bruch fremden Gewahrsams** voraus, der Täter muss also gegen oder ohne Willen des bisherigen Gewahrsamsinhabers den Herrschaftswechsel herbeiführen. Dies könnte angesichts des Kassiervorgangs zweifelhaft sein.

aa) So wird vertreten,[20] dass in der Abfertigung der F durch das Kassenpersonal ein **tatbestandsausschließendes Einverständnis (=Vermögensverfügung)** läge, das sich auf den gesamten Inhalt des Einkaufswagens erstreckt, mithin auch auf die versteckten CDs. Hierfür ließe sich anführen, dass das Kassenpersonal faktisch und rechtlich die Aufgabe hat, die Waren im Einkaufswagen zu kontrollieren und abzurechnen. Mit der Abfertigung habe diese Willensbildung schließlich stattgefunden. Danach wäre vorliegend ein Diebstahl abzulehnen und ein Betrug zu prüfen.

bb) Demgegenüber lehnt die h.M.[21] ein tatbestandsausschließendes Einverständnis in Fällen wie dem vorliegenden ab, da das Kassenpersonal nicht den Willen habe, den Gewahrsam über den konkreten Gegenstand, hier die versteckten CDs, aufzugeben. Wer nichts von der versteckten Ware wisse, verfüge nicht irrtumsbedingt hierüber, sondern verfüge überhaupt nicht.

cc) Mit der h.M. ist vorliegend ein tatbestandsausschließendes Einverständnis abzulehnen. Ein vermeintlich genereller Verfügungswille in Bezug auf den gesamten Inhalt des Einkaufswagens ist als bloße Fiktion abzulehnen. Vielmehr konkretisiert das Kassenpersonal seinen Verfügungswillen grundsätzlich dadurch, dass die Preise der vorgelegten Ware eingetippt bzw. eingescannt und dem Kunden berechnet werden. Nur auf diese Waren bezieht sich überdies der Abschluss des Kaufvertrags.

Infolgedessen könnte trotz der Willensbildung des Kassenpersonals von einem Gewahrsamsbruch ausgegangen werden.

b) Fraglich bliebe aber, wie sich die **Beobachtung** durch den Warenhausdetektiv auswirkt.

Beachte: Die Annahme eines Einverständnisses ist grob falsch: Der Detektiv ist niemals einverstanden!

Fallrelevanz

aa) Angesichts der Beobachtung und hieraus resultierender jederzeitiger Zugriffsmöglichkeit durch den Berechtigten (oder Hilfspersonal) wird die Annahme eines vollendeten Diebstahls zum Teil abgelehnt.[22] Es läge in der Regel nur eine Gewahrsamslockerung, keinesfalls schon ein Herrschaftswechsel vor, wie überdies die regelmäßige Sicherung der Beute noch im Warenhaus durch das Personal belege. Danach läge ein versuchter Diebstahl vor.

bb) Die h.M.[23] bejaht dagegen einen vollendeten Diebstahl. Nach den Anschauungen des täglichen Lebens ist ein Täter Träger der alleinigen Sachherrschaft, wenn er mit „seinem Einkaufswagen" nach der Abfertigung den Kassenbereich verlässt. Jeder Dritte wird diese für ihn fremde Herrschaftssphäre als Tabuzone respektieren.

20 OLG Düsseldorf, Beschl. v. 17.11.1992 – 2 Ss 337/92, NStZ 1993, 286.
21 BGH, Beschl. v. 26.07.1995 – 4 StR 234/95, BGHSt 41, 198.
22 Sch/Sch/Eser/Bosch § 242 Rn. 40.
23 BGH, Beschl. v. 06.10.1961 – 2 StR 289/61, BGHSt 16, 271; Fischer § 242 Rn.18.

Hiernach verbliebe es bei der Begehung einer vollendeten Wegnahme.

cc) Überzeugender ist die Annahme einer bereits vollendeten Wegnahme, wie eine mögliche Weigerung des Täters zur Rückgabe der mitgenommenen Gegenstände verdeutlicht. Das Herausgabebegehren müsste angesichts der tatsächlichen Herrschaftsbeziehung des Täters zur Sache gegebenenfalls mit Gewalt durchgesetzt werden.

Im Ergebnis ist daher von einer vollendeten Wegnahme auszugehen.

3. F handelte **vorsätzlich** und in **rechtswidriger Zueignungsabsicht**.

4. Rechtswidrigkeit und **Schuld** sind gegeben.

5. Die Tat ist nach **§ 248 a antragsbedürftig**, weil der Gesamtwert der Beute nicht über 50 €[24] und damit unterhalb der Geringwertigkeitsschwelle liegt.

F hat einen Diebstahl begangen.

III. F könnte sich **wegen eines Betrugs nach § 263 Abs. 1** durch das Vorbeischmuggeln der CDs strafbar gemacht haben.

Vermeide schweren Fehler: Es wird kein Geltendmachen eines Anspruchs aus § 433 Abs. 2 BGB unterlassen, da es mangels Einigung keinen Kaufvertrag gibt!

1. F hat die Verkäuferin schlüssig über den Umfang der von ihr zu bezahlenden Waren **getäuscht**.

2. Die Verkäuferin ist auch einem entsprechenden **Irrtum** unterlegen.

3. Die Verkäuferin müsste aber auch eine **irrtumsbedingte Vermögensverfügung** vorgenommen haben. Dafür ist – inhaltsgleich mit dem Einverständnis bei der Wegnahme – erforderlich, dass sie das Bewusstsein hatte, über den Gewahrsam an den CDs zu disponieren. Dieses sogenannte Verfügungsbewusstsein bei täuschungsbedingter Erlangung von Sachen ist Voraussetzung des Betruges, damit das zwischen Diebstahl als Fremdschädigungsdelikt und Betrug als Selbstschädigungsdelikt geltende Exklusivitätsverhältnis erhalten bleibt. Im vorliegenden Fall war der Verkäuferin aber gerade nicht bewusst, dass die F auch noch CDs in ihrem Warenkorb hatte. Mangel Verfügungsbewusstsein scheidet Betrug aus.

Ergebnis: F ist wegen Diebstahls strafbar.

24 Wessels/Hillenkamp BT 2 Rn. 252, 339.

Fall 5: Diebstahl oder Computerbetrug an der Scannerkasse
(OLG Hamm, Beschl. v. 08.03.2013 – III-5 RVs 56/13, RÜ 2013, 714)

T begab sich in den Supermarkt. Dieser war mit sog. Scannerkassen ausgerüstet. Diese ersetzen als Selbstbedienungskasse das Verkaufspersonal. Dieses war auch hilfsweise nicht anwesend. Er ging zum Zeitschriftenregal, entnahm einen „Playboy" für 5 EUR und lief zur Selbstbedienungskasse. Dort scannte er nicht den auf dem „Playboy" befindlichen Strichcode ein, sondern hielt den zuvor von der Tageszeitung „WAZ" ausgerissenen Strichcode, den er in seinem Portemonnaie mit sich geführt hatte, unter das Lesegerät. Die Kasse warf daraufhin den Preis für eine „WAZ" von 1,20 EUR aus, welchen der T bezahlte. Er verließ mit dem „Playboy" das Geschäft.

Wie hat sich T strafbar gemacht? Strafantrag ist gestellt

I. Ein **Betrug nach § 263** des T liegt nicht vor, weil Maschinen nicht getäuscht werden können, sie können nicht irren.

II. T könnte sich wegen **Computerbetrugs gemäß § 263 a Abs. 1** strafbar gemacht haben, indem er durch die Manipulation an der Scannerkasse den Playboy für den Preis der WAZ „kaufte".

1. T könnte **unrichtige oder unvollständige Daten verwendet** haben (§ 263 a Abs. 1 Var. 2). Wenn auch die Strichmuster als bar codes, die bei der Scanner-Technik verwendet werden, in ihrer unmittelbaren Wahrnehmbarkeit keine Daten i.S.d. § 202 a sind,[25] fallen sie als kodierte Informationen dennoch unter § 263 a, da der Datenbegriff ohne Bezugnahme auf § 202 a Abs. 2 in dieser Norm weit zu verstehen ist.[26] In Bezug auf die WAZ entsprechen die eingegebenen Daten der Wirklichkeit, sie sind richtig und vollständig. Diesen Kaufpreis hat T auch bezahlt.

Siehe auch die Fälle 22 und 23. Dennoch gehört dieser Fall in den Komplex „Diebstahl". Es geht um die in Prüfungen sehr beliebte Konstellation der Supermarktfälle und der Abgrenzung von Betrug und Diebstahl. Hier geht es um die moderne Version der Computerkasse und § 263 a. Auch hier schließen sich Betrug und Diebstahl exklusiv aus. Neue Fallkonstellationen veranlassen Prüfer zu neuen Aufgabenstellungen.

2. T könnte **unbefugt Daten verwendet haben (§ 263 a Abs. 1 Var. 3).**

Fraglich ist, welcher Maßstab an das Tatbestandsmerkmal „unbefugt" zu legen ist.

a) Auf den ersten Blick könnte man eine **subjektivierende Deutung** vornehmen.[27] Danach ist jede Verwendung unbefugt, die dem wirklichen oder mutmaßlichen Willen des Berechtigten widerspricht. Es entsprach vorliegend gewiss nicht dem Willen des Supermarktbetreibers, dass die Daten „Preis" derart manipulativ durch T verwendet wurden. Eine solche subjektivierende Ansicht führt zu einer uferlosen Weite in der Anwendung des § 263 a und erfasst auch bloße Fälle der Vertragsverletzung. Dieses Verständnis löst die Nähe zu § 263. Diesem Verständnis ist nicht zu folgen.

b) Unbefugt i.S.d. § 263 a ist **betrugsspezifisch** auszulegen.[28] Der Computerbetrug ist in seiner Struktur dem Betrug nachgebildet. Beide Delikte schützen das Vermögen. Während in § 263 ein Mensch getäuscht wird,

---

25 AnwK-StGB/Gaede § 202 a Rn. 2.
26 Wessels/Hillenkamp BT 2 Rn. 605.
27 SSW/Hilgendorf § 263 a Rn. 14.
28 Jäger Examensrepetitorium Rn. 543; Jahn JuS 2014, 179; Wessels/Hillenkamp BT 2 Rn. 613.

wird in § 263 a ein Datenverarbeitungsprogramm – eine Maschine – „getäuscht". Das Verhalten setzt daher **Täuschungsäquivalenz** voraus. Diese ist gegeben, wenn die Verwendung der Daten gegenüber einer Person Täuschungscharakter hätte.

Man muss sich daher einen fiktiven Verkäufer vorstellen, der sich genau mit den Fragen befasst, die auch der Computer prüft. Die Scannerkasse **überprüft nicht, ob** angegebener Preis und Ware übereinstimmen. Auf dieser Basis würde auch ein fiktiver Verkäufer diesen Umstand nicht prüfen und daher auch nicht getäuscht werden. Legt man jedoch eine andere Fiktion zugrunde, gelangt man zu einem anderen Ergebnis. Statt der Eingabe in die Scannerkasse durch T stellt man sich vor, dass T dem Verkäufer den Preis 1,20 € genannt hätte, während er den Playboy in der Hand hält. Wie die Kasse soll auch der Verkäufer über den Preis des Playboy getäuscht werden. Das hätte den nötigen Täuschungscharakter.

3. T müsste durch die unbefugte Verwendung der Daten **unmittelbar das Ergebnis eines Datenverarbeitungsvorgangs beeinflusst** haben und derart einen **Vermögensschaden** verursacht haben. Darin liegt gleichsam eine computergestützte Vermögensverfügung. Das Eingeben des Strichcodes der WAZ führte allein zur Anzeige des Preises 1,20 €. In dieser Anzeige lag kein verfügungsähnlicher Vorgang, der sich als eine unmittelbare Vermögensverfügung über die mitgenommene Zeitschrift dargestellt hat.[29] Die Mitnahme des Playboy bedurfte einer selbständigen Handlung des T.

Mangels einer unmittelbaren vermögensmindernden computergestützten „Verfügung" über den Playboy hat sich T **nicht wegen Computerbetruges (§ 263 a)** strafbar gemacht.

II. T könnte sich **wegen Diebstahls nach § 242 Abs. 1 strafbar** gemacht, indem er den Playboy nach der Manipulation an der Scannerkasse mitnahm.

1. Dann müsste der Playboy als bewegliche Sache **noch im Eigentum** des Supermarktbetreibers gestanden haben. Das Übereignungsangebot gemäß § 929 BGB des Supermarktes bezieht sich allein auf die Ware, deren Code und Preis richtig eingegeben wurde.[30] Allein bei **ordnungsgemäßer Bedienung und Bezahlung** will der Supermarktbetreiber die **Ware übereignen**. Die **Zeitschrift** war für T **fremd**.

2. Der Bruch fremden – des Supermarktbetreibers – Gewahrsams und die Begründung neuen Gewahrsams durch T als **Wegnahme könnte an einem generellen Einverständnis** scheitern. Ein solches kann in dem Aufstellen der Selbstbedienungskassen gesehen werden, die das Verkaufspersonal ersetzen. Ein solches generelles Einverständnis steht jedoch unter der **Bedingung, dass die Kasse äußerlich ordnungsgemäß bedient wird**.[31] T's Verhalten war bereits äußerlich nicht ordnungsgemäß, ein Verkäufer wäre eingeschritten, wenn er das Geschehen beobachtet hätte.

Damit sind die Probleme noch nicht gelöst. Aus § 263 wissen wir, wie schwierig die Auslegung einer Erklärung sein kann, ob sie Täuschungscharakter hat oder eben nicht (siehe zu Betrug durch „Ping-Anrufe", RÜ 8/2014, 512). Das gilt auch für § 263 a. Es gilt: Der erste Prüfungsschritt einer Klausur ist, die fallrelevanten Probleme zu entdecken. Das ist der schwierigste und wichtigste Prüfungsschritt! Der zweite Prüfungsschritt ist die Lösung dieser Probleme.

Wer dem Verhalten des T in dieser Auslegung eine Täuschungsäquivalenz zuspricht, prüft weiter im Aufbau des § 263 a, für die anderen ist Schluss, da auch für die 4. Variante des § 263 a die Täuschungsäquivalenz fehlt.

29 OLG Hamm, Beschl. v. 08.03.2013 – III-5 RVs 56/13, RÜ 2013, 714; Wessels/Hillenkamp BT 2 Rn. 606.
30 OLG Hamm, Beschl. v. 08.03.2013 – III-5 RVs 56/13, RÜ 2013, 714; Jahn JuS 2014, 179, 180.
31 OLG Hamm, Beschl. v. 08.03.2013 – III-5 RVs 56/13, RÜ 2013, 714; Jahn JuS 2014, 179, 180.

T hat bereits mit Ergreifen und spätestens mit dem Verlassen des Kassenbereichs die eigene Sachherrschaft begründet. Eine Wegnahme durch T liegt vor.

Es bedarf keiner Erwähnung und Prüfung der Unterschlagung (§ 246), wenn man einen Diebstahl bejaht hat. Wenn auch in der Wegnahme die eindeutige Manifestation des Zueignungswillens als Tathandlung des § 246 liegt, ist die Unterschlagung kraft Gesetzes subsidiär. In dieser Eindeutigkeit bedarf sie keiner Erwähnung. Grob fehlerhaft, weil überflüssig, wäre eine ausführliche Prüfung des § 246.

3. T handelte **vorsätzlich** und in der **Absicht rechtswidriger Zueignung**.

4. T handelte **rechtswidrig** und **schuldhaft**.

T hat **einen Diebstahl nach § 242 Abs. 1** an dem mitgenommenen Playboy begangen. Strafantrag (§ 248 a) ist gestellt.

IV. Eine **Urkundenfälschung nach § 267 Abs. 1** liegt nicht vor, da weder der verwendete Strichcode der WAZ noch dieser in Verbindung mit dem Playboy eine Urkunde ist. Eine Urkunde ist die Verkörperung einer menschlichen Gedankenerklärung, die zur Beweisführung im Rechtsverkehr bestimmt und geeignet ist und ihren Aussteller erkennen lässt.[32] Der Strichcode als Preisschild allein hat kein Bezugsobjekt und es fehlt für eine mögliche zusammengesetzte Urkunde zwischen Strichcode und Playboy an einer hinreichend festen Verbindung zwischen Gedankenerklärung und Bezugsobjekt.

V. Eine **Strafbarkeit nach § 265 a** liegt **nicht** vor, weil T durch sein Verhalten keine Leistung eines Automaten erschlichen hat.

Ergebnis: T hat sich wegen Diebstahls (§ 242 Abs. 1) am Playboy strafbar gemacht.

---

32 Jäger Examensrepetitorium BT Rn. 427 ff.

Fall 6: Besonders schwerer Diebstahl bei Nutzung des richtigen Schlüssels durch Unbefugten
(BGH, Beschl. v. 05.08.2010 – 2 StR 385/10, RÜ 2010, 786)

A wollte Geld aus der Postfiliale entwenden, in der sie am Schalter eingesetzt war. Sie nahm heimlich 11.000 € Bargeld an sich. Dann bat sie ihren Kollegen darum, sie beim Bedienen eines Kunden am Schalter zu vertreten. Diese Ablenkung nutzte sie aus, um unbeobachtet den in der offenen Kasse am Schalter ihres Kollegen liegenden Schlüssel zum Haupttresor an sich zu nehmen, den sie grundsätzlich nicht benutzen durfte. Sie öffnete damit den Tresor, entnahm daraus 113.000 € Bargeld und ließ den Schlüssel wie geplant im Tresorschloss stecken. Mit der gesamten Beute verließ sie die Postfiliale und floh.

Strafbarkeit der A?

I. Durch das Ansichnehmen der 11.000 € könnte A einen **Diebstahl** gemäß **§ 242 Abs. 1** begangen haben.

1. Die Geldscheine waren für A **fremde, bewegliche Sachen**.

2. Diese Geldscheine müsste A weggenommen haben. **Wegnahme** bedeutet Bruch fremden und gleichzeitige oder spätere Begründung neuen Gewahrsams, wobei unter Gewahrsam die tatsächliche Sachherrschaft zu verstehen ist, die auch – je nach Einzelfall – von mehreren Personen gleichrangig oder nachrangig ausgeübt werden kann.

Vorliegend war A an einem (Kassen-)Schalter tätig und tatsächlich in der Lage, Geldscheine an Kunden herauszugeben. Das könnte für alleinige Sachherrschaft sprechen. Anderseits war der arbeitsrechtlich übergeordnete Filialeiter/in der Postfiliale ebenfalls jederzeit in der Lage, tatsächlichen Zugriff auf die Geldscheine zu nehmen. Angesichts dieser Gegebenheiten und arbeitsrechtlichen Ausgestaltung wird ein Filial- bzw. Niederlassungsleiter in der Regel **übergeordneten Mitgewahrsam** ausüben,[33] sodass das Ansichnehmen der Geldscheine durch einen untergeordneten Arbeitnehmer als Bruch des übergeordneten Mitgewahrsams des Geschäftsherrn anzusehen ist. Mithin hat A die Geldscheine weggenommen.

Ein typisches Klausurproblem stellen die unterschiedlichen Gewahrsamsverhältnisse im Geschäftsleben dar: Alleingewahrsam oder – gestufter – Mitgewahrsam beim Kassierer, Ladenangestellten, Auslieferungsfahrer.

3. A verwirklichte den subjektiven Tatbestand, sie handelte rechtswidrig und schuldhaft.

A ist eines Diebstahls gemäß § 242 Abs. 1 schuldig.

II. Durch die Ansichnahme des Schlüssels könnte A einen weiteren **Diebstahl** gemäß **§ 242 Abs. 1** hieran begangen haben.

1. A hatte den Schlüssel, eine fremde, bewegliche Sache, mittels Wegnahme an sich gebracht.

2. A handelte **vorsätzlich**. Außerdem müsste sie in der Absicht gehandelt haben, sich oder einem Dritten den Schlüssel rechtswidrig zuzueignen. Diese Absicht setzt voraus, dass der Täter mit zumindest bedingtem Vorsatz eine dauerhafte Enteignung des Berechtigten sowie eine – zumindest vorübergehende – Aneignung geplant haben muss.

33 BGH, Beschl. v. 26.05.1983 – 4 StR 265/83, wistra 1983, 190.

a) Gegen die Annahme einer **Aneignungsabsicht** bestehen keine Bedenken, da der geplante bestimmungsgemäße Gebrauch einer weggenommenen Sache zugleich bedeutet, dass diese der eigenen Verfügungsmacht – und sei es auch nur vorübergehend – einverleibt werden soll.

b) Indes ist zweifelhaft, ob A auch mit **Enteignungsvorsatz** handelte, da sie von Beginn an geplant hatte, den Schlüssel zurückzulassen. Damit war von ihr keine auf Dauer angelegte Enteignung der Sachsubstanz gewollt. Eine dauerhafte Enteignung könnte lediglich erwogen werden, wenn sich durch Nutzung des Schlüssels ein in ihm verkörperter Sachwert verringert hätte. Dies ist abzulehnen: Der Tresorschlüssel verkörpert nicht den funktionsspezifischen Vermögenswert, der sich im Tresor befindet, sondern er schafft nur die faktische Möglichkeit, an den Inhalt des Tresors zu gelangen. Dieser Wert wird durch Nutzung nicht verändert.

Ein Diebstahl am Schlüssel scheidet aus.

III. Durch die Ansichnahme der Geldscheine aus dem Tresor könnte A hieran einen **Diebstahl** gemäß **§ 242 Abs. 1** begangen haben.

1. A hat fremde bewegliche Sachen – die Geldscheine – vorsätzlich und mit der Absicht rechtswidriger Zueignung weggenommen; zugleich handelte sie rechtswidrig und schuldhaft.

§ 243 ist kein Tatbestand, sondern wird im Rahmen des § 242 als Strafzumessungsvorschrift mit abgehandelt.

2. Außerdem könnte A einen **besonders schweren Fall des Diebstahls gemäß § 243 Abs. 1 S. 2** verwirklicht haben.

a) § 243 Abs. 1 S. 2 Nr. 1 regelt den sogenannten **Einbruchsdiebstahl**. Danach muss sich der Täter illegal Zugang in einen umschlossenen Raum – einbrechen, einsteigen eindringen mit falschem Schlüssel – verschaffen oder sich in ihm illegal verborgen halten. In Abgrenzung zu § 243 Abs. 1 S. 2 Nr. 2 – Behältnis – setzt ein umschlossener Raum die Eigenschaft voraus, von Menschen betreten werden zu können. Damit scheidet Nr. 1 vorliegend aus, ein Tresor stellt kein derartiges Raumgebilde dar.

b) A könnte eine Sache gestohlen haben, die durch ein verschlossenes Behältnis gegen Wegnahme besonders gesichert ist, **§ 243 Abs. 1 S. 2 Nr. 2**. Ein Tresor dient als Behältnis der Sicherung vor unbefugtem Zugriff. A hatte diesen Tresor nicht mit Gewalt aufgebrochen, sondern ihn mit dem dazugehörigen Schlüssel ohne weitere Überwindung der Sicherung aufgeschlossen. Angesichts des Wortlauts des § 243 Abs. 1 S. 2 Nr. 2 und seines Regelungssinns reicht diese Vorgehensweise aber aus: Der Täter muss – sofern er nicht sogar die Sache mitsamt dem Behältnis stiehlt – die Sicherung überwinden, dabei kommt es nicht darauf an, wie er das bewirkt.

A hat §§ 242 Abs. 1, 243 Abs. 1, 2 Nr. 2 verwirklicht.

IV. Eine **Unterschlagung** gemäß **§ 246 Abs. 1** durch Verlassen der Postfiliale scheidet als tatbestandslose Zweitzueignung -so BGH- oder mitbestrafte Verwertungstat aus.[34]

Ergebnis: A ist wegen §§ 242, 243 Abs. 1 S. 2 Nr. 2 strafbar (natürliche Handlungseinheit).

34 Vgl. zum Meinungsstand Fischer § 246 Rn. 14; Wessels/Hillenkamp BT 2 Rn. 328 ff.

Fall 7: Die Diebesfalle
(OLG Düsseldorf NStZ 1992, 237)

Nachdem verschiedene Mitarbeiter einer Videothek in den Verdacht geraten waren, Diebstähle an DVDs begangen zu haben, wollte der Inhaber einen Mitarbeiter auf die Probe stellen: Er gab dem K die Schlüssel zur Videothek, um nach Geschäftsschluss „nach dem Rechten" sehen zu können. Mittels des ihm überreichten Schlüssels betrat der K – von Dritten im Auftrage des Geschäftsinhabers beobachtet – nach Geschäftsschluss das Ladenlokal und verpackte sieben DVDs im Gesamtwert von 58 € in eine Plastiktüte. Beim Herausgehen brach er mit einem Schraubendreher, der zuvor auf dem Tresen der Videothek gelegen hatte, einen Süßigkeitenautomaten auf und entnahm diesem einen Schokoriegel im Werte von 0,70 €, den er sofort verspeiste. Dann verließ er die Videothek. Bei der Durchsuchung wurden am nächsten Tag die mitgenommenen DVDs bei K gefunden.

Strafbarkeit des K? Etwa erforderliche Strafanträge sind gestellt.

I. K könnte einen **Diebstahl** gemäß **§ 242 Abs. 1** begangen haben, als er die sieben DVDs in die Plastiktüte verstaute und die Geschäftsräume verließ.

1. Die sieben DVDs waren für den K **fremde bewegliche Sachen**.

2. Diese Gegenstände müsste der K **weggenommen**, mithin Gewahrsam hieran gebrochen und neuen Gewahrsam begründet haben.

a) Spätestens mit Verlassen der Videothek und dem Abtransport der sieben DVDs begründete der K eigene Sachherrschaft, getragen von einem Herrschaftswillen.

Frühere Zeitpunkte (Ergreifen?) mögen theoretisch bedeutsam sein, tragen zur Falllösung aber nichts bei.

b) Fraglich könnte allerdings sein, ob damit der **Gewahrsam** des Geschäftsinhabers auch **gebrochen** wurde. Dann müsste K den **bisherigen Gewahrsamsinhaber ohne oder gegen dessen Willen von der Sachherrschaft ausgeschlossen** haben.

Der Geschäftsinhaber hatte es als Gewahrsamsinhaber und Eigentümer der DVDs darauf angelegt, dass K DVDs an sich bringen sollte. Um ihn besser überführen zu können, hatte er ihm sogar den Schlüssel ausgehändigt. Damit handelte der K objektiv nicht gegen oder ohne Willen des Geschäftsinhabers, im Gegenteil: Der Geschäftsinhaber war tatsächlich damit einverstanden, dass K DVDs an sich nahm, um ihn später besser überführen zu können. Insofern verhält sich die real gefasste Willensbildung des Geschäftsinhabers anders als in den Fällen des beobachteten Warenhausdiebstahls. Während dort der Sachherrschaftsinhaber – regelmäßig ein Detektiv – zufällig den Täter bei dessen Tun beobachtet und ihn aus Beweissicherungsgründen gewähren lässt (ohne mit einem Herrschaftswechsel tatsächlich einverstanden zu sein), legt es der jeweilige Gewahrsamsinhaber bei einer Diebesfalle darauf an, dass der mögliche Täter die Sachherrschaft vollständig gewinnt, denn nur so kommt der jeweilige Sachherrschaftsinhaber zu seinem Ziel, den potenziellen Täter des Diebstahls zu überführen.

Unterscheide: Diebesfalle (Problem: Einverständnis) und beobachteter Warenhausdiebstahl (kein Einverständnis, sondern: wann Vollendung?)

Mithin scheidet vorliegend eine Wegnahme und damit vollendeter Diebstahl aus.

Beachte: Bei Ablehnung des objektiven Tatbestandes stets an Versuch denken!

Wortlaut des § 22 aufnehmen!

II. K könnte einen **versuchten Diebstahl** gemäß **§§ 242 Abs. 1, 2, 22** begangen haben, als er die Videokassetten an sich nahm.

1. K hatte den **Tatentschluss**, eine fremde bewegliche Sache – nämlich sieben DVDs – gegen den Willen des Gewahrsamsinhabers an sich zu bringen und neue Sachherrschaft zu begründen. Zugleich hatte er den weitergehenden Entschluss, sich diese sieben DVDs rechtswidrig – ohne zivilrechtlichen Anspruch hierauf – zuzueignen.

Nach seiner Vorstellung vom Tatgeschehen setzte er überdies unmittelbar zur Tatbestandsverwirklichung an, als er die DVDs ergriff, § 22.

2. K müsste **rechtswidrig** gehandelt haben. Das objektiv vorliegende Einverständnis des Geschäftsinhabers in die Wegnahme kann sich auf den Versuch nicht mehr auswirken, da es bereits die Vollendung des Diebstahls ausgeschlossen hat. Zudem fehlte K mangels Kenntnis der Zustimmung das subjektive Rechtfertigungselement. Eine Einwilligung in die Zueignung lag schon objektiv nicht vor, da der Geschäftsinhaber den K überführen, aber sein Eigentum nicht dauerhaft verlieren wollte.

3. K handelte **schuldhaft**.

K hat sich wegen versuchten Diebstahls an den Videokassetten gemäß §§ 242 Abs. 1, 2, 22 strafbar gemacht.

III. Durch die Wegnahme hat K seinen Zueignungswillen vorsätzlich unzweideutig nach außen betätigt und sich daher wegen **Unterschlagung** (§ 246 Abs. 1) strafbar gemacht.

IV. K könnte einen **Diebstahl** gemäß **§ 242 Abs. 1** am Schokoriegel begangen haben.

1. Durch Entnahme des Schokoriegels und zeitgleiches Verspeisen nahm K vorsätzlich eine fremde bewegliche Sache in der Absicht rechtswidriger Zueignung weg.

2. K handelte **rechtswidrig** und **schuldhaft**.

Genaue Gesetzesangabe: § 243 Abs. 1 S. 2 Nr. 1–7

3. Die Strafe des K ist als **besonders schwerer Fall** zu schärfen, wenn er den Diebstahl unter den erschwerten Voraussetzungen des **§ 243 Abs. 1 S. 2** begangen hätte.

a) Vorliegend könnte das Regelbeispiel des **§ 243 Abs. 1 S. 2 Nr. 2** erfüllt sein. Dann müsste K eine Sache gestohlen haben, die gegen Diebstahl besonders gesichert war. Das verschlossene Gehäuse des Warenautomaten erfüllt neben anderen auch eine Diebstahlssicherungsfunktion, zumal K mittels des Schraubendrehers gezielt Gewalt gegen die Sache anwenden musste, um an das Diebstahlsobjekt zu gelangen.

Wortlaut beachten!

b) Allerdings könnte eine Strafschärfung nach **§ 243 Abs. 2** ausgeschlossen sein, wenn sich die Tat auf eine geringwertige Sache bezog. Angesichts des Wertes des Schokoriegels bestehen an der Geringwertigkeit keine Zweifel. Fraglich könnte allerdings sein, ob sich die „Tat" auf eine geringwertige Sache bezog, da K immerhin die Videothek betreten hatte, um auch DVDs, diese jenseits der Geringwertigkeitsgrenze – 50 € –,[35] zu entwenden. Hierbei ist zu berücksichtigen, dass K zunächst die Videothek oh-

35 Wessels/Hillenkamp BT 2 Rn. 252.

ne Verwirklichung von Regelbeispielen des § 243 Abs. 1 S. 2 betrat, um DVDs zu stehlen. Nachdem er diese in die Plastiktüte gesteckt hatte, fasste er einen neuen, eigenständigen Entschluss, nunmehr einen Diebstahl in einem besonders schweren Fall zu begehen, als er mit dem Schraubendreher den Warenautomaten aufbrach. Dieser neue Entschluss stellt im Gesamtgeschehen – sei es auch eine natürliche Handlungseinheit – eine Zäsur dar und eröffnet eine eigenständige Betrachtung. Daher ist bei der Verwirklichung des Regelbeispiels zum Zeitpunkt des Aufbruchs des Automaten lediglich der in Aussicht genommene Schokoriegel als Objekt bedeutsam.

Es verbleibt mithin bei einem vollendeten Diebstahl bezüglich des Schokoriegels, wegen dessen Geringwertigkeit ohne Strafschärfung aus § 243 Abs. 1.

V. Durch das Aufbrechen des Automaten beging K eine **Sachbeschädigung** gemäß **§ 303 Abs. 1**. Der nach § 303c erforderliche Strafantrag ist gestellt.

VI. Dagegen scheidet eine Strafbarkeit wegen **Hausfriedensbruchs** gemäß **§ 123 Abs. 1 Alt. 1** aus, da K nicht in die Geschäftsräume „eindrang“: Dieses setzte einen entgegenstehenden Willen des Hausrechtsinhabers voraus, der vorliegend nicht gegeben war, da der Geschäftsinhaber dem K sogar den Schlüssel zum Betreten der Geschäftsräume übergeben hatte.

Konkurrenzen und Ergebnis: Auch bei einem versuchten Diebstahl greift die gesetzliche Subsidiaritätsklausel des § 246 Abs. 1.[36] K hat sich wegen eines versuchten Diebstahls (§§ 242 Abs. 1, 2, 22), eines Diebstahls (§ 242 Abs. 1) und einer Sachbeschädigung (§ 303) strafbar gemacht. Die drei Taten stehen zueinander im Verhältnis der Tateinheit gemäß § 52, da das Gesamtgeschehen in der Videothek nach natürlicher Betrachtung als nur eine Tat zu bewerten ist.

Nicht „Idealkonkurrenz“, der amtliche Gesetzestext formuliert in § 52 „Tateinheit“.

36 Jäger Examensrepetitorium BT Rn. 179.

Fall 8: Gewahrsamsverhältnisse bei Auslieferungsfahrt und fehlende Zueignungsabsicht bei geplanter Rückführung
(BGH, Beschl. v. 21.01.1964 – 5 StR 514/63, BGHSt 19, 387)

A war angestellter Auslieferungsfahrer eines Elektrohandels in Hamburg. Er musste pro Tag ca. 20 Einzelhändler beliefern. Hierfür belud er morgens einen Klein-Lkw der Firma mit den Elektroartikeln und verließ sodann das Geschäftsgelände, um die Auslieferungstouren vorzunehmen. Nach der letzten Fahrt kam er regelmäßig auf das Geschäftsgelände zurück. Der Elektrohandel stellte ihm frei, in welcher Reihenfolge er die Waren an die Kunden auslieferte. Während einer dieser Fahrten veräußerte der A einen Blu-Ray Player im Werte von 120 € an den eingeweihten X. Nachdem seinem Arbeitgeber dies bekannt geworden war, wurde ihm fristlos gekündigt. Er musste die Kfz-Schlüssel sowie einen Overall, der den Schriftzug des Elektrounternehmens trug, abgeben. Da er diesen gerne behalten wollte, nahm er einen Overall eines Arbeitskollegen an sich und gab diesen als vermeintlich eigenen seinem ehemaligen Arbeitgeber zurück. Strafbarkeit des A?

I. A könnte einen **Diebstahl** an dem Blu-Ray Player gemäß **§ 242 Abs. 1** begangen haben, als er dieses Gerät dem eingeweihten X verkaufte.

1. Das Gerät stellte für A eine **fremde bewegliche Sache** dar.

2. Fraglich ist, ob A den Player durch Weitergabe an den X **weggenommen** hat. Dann müsste er fremden Gewahrsam des Geschäftsinhabers, hier seines Arbeitgebers, gebrochen haben.

Stichwort: Auslieferungsfahrt

a) Zweifelhaft ist, ob der **Geschäftsinhaber** überhaupt noch **tatsächliche Sachherrschaft** an den Elektroartikeln hatte oder ob A selbst während seiner **Auslieferungsfahrt** alleinigen Gewahrsam an diesen Elektroartikeln hatte.

Sachherrschaft bedeutet reale Zugriffsmöglichkeit und enthält keine Elemente der rechtlichen Zueignung.

Die tatsächlichen Sachherrschaftsverhältnisse werden unter Berücksichtigung der Anschauung des täglichen Lebens beurteilt. Danach hängt es entscheidend davon ab, ob der ursprüngliche Gewahrsamsinhaber, hier der Arbeitgeber des A, noch eine reale Zugriffsmöglichkeit auf die auszuliefernden Waren hatte. In der Regel wird dieses zu bejahen sein, wenn der Auslieferungsfahrer faktisch jederzeit unter der tatsächlichen Kontrolle des Geschäftsherrn steht (Beispiel: Ständige Standortkontrolle der Geldtransporter durch Funk oder GPS, vollständig gebundene Fahrtroute mit festen Anlaufzielen).

Gewahrsamsverhältnisse bei Fahrer und Spedition[37]

Vorliegend sollte A im Zuge einer Tagestour im Stadtgebiet verschiedene Kunden anfahren, um dort die Waren auszuliefern, die konkrete Tourzusammenstellung blieb ihm jedoch überlassen. Auch wenn der Arbeitgeber des A nicht jederzeit unmittelbar Zugriff auf die Elektroartikel während der Auslieferungsfahrt hatte, hätte er jederzeit durch kurze Telefonate bei den Endkunden abfragen können, wo sich der Auslieferungsfahrer befindet und Zugriff auf ihn und die Ware nehmen können. Infolgedessen ist vorliegend von einer noch bestehenden Sachherrschaft des Elektrounternehmens auszugehen. Das mag bei einer Fernfahrt anders sein, Der A übte nur

37 Siehe dazu auch OLG Hamm, Beschl. v. 29.04.2014 – III-1 RVs 25/14.

untergeordneten, nachrangigen Gewahrsam für den übergeordneten Gewahrsamsinhaber, das Elektrounternehmen, aus.

b) A brach diesen übergeordneten fremden Gewahrsam, als er den Blu-Ray Player an den eingeweihten X weitergab.

3. Er handelte diesbezüglich **vorsätzlich**, in der **Absicht rechtswidriger Zueignung, rechtswidrig und schuldhaft**.

A ist wegen Diebstahls strafbar.

II. Ein **Betrug** gemäß **§ 263 Abs. 1** zulasten des X scheidet aus, da dieser eingeweiht war. Daher hat A den X nicht über seine Eigentümerrechte getäuscht.

III. A könnte einen **Diebstahl** gemäß **§ 242 Abs. 1** begangen haben, als er seinem Arbeitskollegen den Overall entwendete.

1. Der Overall stellte für A eine **fremde bewegliche Sache** dar.

2. Diesen nahm er seinem Arbeitskollegen weg, als er dessen alleinigen Gewahrsam brach und neue Sachherrschaft am Overall ausübte.

Eine tatsächliche Sachherrschaft übte er allein aus, nicht etwa der Arbeitgeber!

3. A handelte auch **vorsätzlich**. Zweifelhaft könnte sein, ob er insoweit in der **Absicht rechtswidriger Zueignung** gehandelt hat.

Hierunter ist die Vorstellung zu verstehen, sich eine **eigentümerähnliche Verfügungsmacht** über die weggenommene Sache zu **verschaffen** („se ut dominum gerere"). Der dies anstrebende Täter muss den Willen haben, den wahren Eigentümer auf Dauer von der Sache auszuschließen (Enteignung) und sich selbst oder einen Dritten – sei es auch nur vorübergehend – an dessen Stelle zu setzen (Aneignung).

„se ut dominum gerere" = sich als Eigentümer aufführen

Hier ist jedoch zu berücksichtigen, dass A bei Rückgabe des zuvor weggenommenen Overalls das fremde Eigentum seines Arbeitgebers nicht infrage stellte, es vielmehr anerkannte. Sein Handeln war nicht darauf gerichtet, dem Eigentümer dessen Eigentum vorzuenthalten, sondern bestehenden Herausgabeansprüchen zu entgehen. A „spielte" nicht Eigentümer. Er „spielte" Gebrauchsberechtigter. Damit hat der Täter aber kein Eigentumsdelikt verwirklicht.

Anderes gilt bei „Rückverkauf" unter Leugnung des Eigentums (Beispiel: Umtauschkasse).

A hat keinen Diebstahl begangen.

IV. A könnte einen **Betrug** gemäß **§ 263 Abs. 1** begangen haben, indem er den Overall seines Arbeitskollegen als das vermeintlich ihm überlassene Bekleidungsstück zurückgab.

1. A **täuschte** über Tatsachen, als er sich als berechtigter Besitzer dieses Overalls ausgab und er erregte in seinem Arbeitgeber einen entsprechenden **Irrtum**, woraufhin dieser es im Sinne einer **Vermögensverfügung** unterließ, den tatsächlich dem A überlassenen Overall zurückzufordern. Insoweit entstand dem Arbeitgeber auch ein **Vermögensschaden**, da mit Rückgabe des „falschen" Overalls der Anspruch auf Herausgabe des „richtigen" Overalls keineswegs erlosch.

2. Vorsatz, die Absicht rechtswidriger Bereicherung, **Rechtswidrigkeit** und **Schuld** liegen vor.

A hat sich wegen Betruges strafbar gemacht.

Konkurrenzen und Ergebnis: A ist wegen eines Diebstahls in Tatmehrheit mit Betrug strafbar (§§ 242, 263, 53).

A maßt sich kein Eigentumsrecht an. Daher liegt auch kein § 246 vor. Meines Erachtens braucht das in seiner Eindeutigkeit nicht angesprochen zu werden.

Fall 9: Gebrauchsentwendung einer EC-Karte
(BGH, Beschl. v. 16.12.1987 – 209/87, BGHSt 35, 152)

Die A brachte aus dem Schreibtisch im Arbeitszimmer ihres Bruders eine durch Magnetstreifen kodierte EC-Karte an sich. Diese ermöglicht dem Benutzer, von einem Geldautomaten bei Eingabe der dem Kontoinhaber persönlich zugeteilten Geheimnummer im Rahmen eines bestimmten Volumens Beträge bis zu 200 € abzuheben. Die A hob unter Verwendung dieser Karte und der Geheimnummer einmal einen Geldbetrag in Höhe von 150 € ab und behielt das Geld für sich. Sodann legte sie in einem unbeobachteten Augenblick die EC-Karte in den Schreibtisch ihres Bruders zurück.
Strafbarkeit der A?

I. Die A könnte einen **Diebstahl** gemäß **§ 242 Abs. 1** durch Herausnehmen der EC-Karte aus dem Schreibtisch begangen haben.

1. Die EC-Karte stellte für A eine **fremde bewegliche Sache** dar, die sie durch Herausnahme aus dem Schreibtisch unter den Voraussetzungen eines Gewahrsamsbruchs und neuer Gewahrsamsbegründung wegnahm.

2. Fraglich könnte allerdings sein, ob die A, die **vorsätzlich** handelte, auch die **Absicht** hatte, sich diese EC-Karte (**rechtswidrig) zuzueignen**.

Dann müsste sie mit zumindest bedingtem Vorsatz eine Enteignung der Karte in Aussicht genommen und zugleich die Absicht gehabt haben, sich (oder einem Dritten) diese Sache – gemeint: Karte – anzueignen.

Aneignungswille im Sinne dolus directus 1. Grades

a) A handelte zielgerichtet in der Vorstellung, sich diese Karte anzueignen. Sie nahm diese aus dem Schreibtisch in der Vorstellung, die Karte funktionsgerecht an einem Geldautomaten einzusetzen. Ein derartiger Gebrauch ist typischerweise nur dem Eigentümer vorbehalten, dessen Rechtsstellung sie sich durch Nutzen der Karte anmaßen wollte.

Enteignungsvorsatz im Sinne dolus eventualis reicht!

b) Fraglich bleibt aber, ob dieses Anmaßen einer eigentümerähnlichen Stellung zugleich mit dem Willen einer auf Dauer vorgestellten Enteignung des Eigentümers einherging. Immerhin wollte A die EC-Karte nach deren Gebrauch dem Bruder als Eigentümer zurückgeben.

Substanztheorie

Stellt man allein auf die **körperliche Sachsubstanz** (gegenständlich beschränkt auf die EC-Karte) ab, ist angesichts der geplanten Rückführung der Karte eine dauerhafte Enteignung durch A von vornherein nicht in Aussicht genommen, ein Diebstahl an der Karte mithin abzulehnen.

Sachwerttheorie

Demgegenüber könnte auf einen möglicherweise **in der weggenommenen Sache verkörperten Sachwert** abzustellen sein: Dann ließe sich eine vorgestellte Enteignung bejahen, wenn der Täter durch zeitweiligen Gebrauch des Gegenstandes einen insoweit in der Sache verkörperten Sachwert dem Eigentümer dauerhaft zukünftig vorenthalten wollte. Nach dieser Ansicht ist eine Enteignung ebenfalls abzulehnen, da sich der (Sach-) Wert einer EC-Karte durch deren Gebrauch nicht verringert.

Vereinigungstheorie

Die überwiegende Ansicht[38] vereinigt beide Ansätze miteinander (sogenannte **Vereinigungstheorie**), lehnt aber unter Berücksichtigung dieser

38 Fischer § 242 Rn. 35.

beiden Maßstäbe eine in Aussicht genommene Enteignung durch den Täter jedenfalls dann ab, wenn die weggenommene EC-Karte dem Berechtigten nach Gebrauch wieder zur Verfügung gestellt werden soll. Die strafrechtliche Beurteilung der Wegnahme einer kodierten Scheckkarte richtet sich im Wesentlichen nach den gleichen Kriterien, die für die Wegnahme eines Schlüssels gelten, wenn der Täter damit ein Behältnis öffnen und den Inhalt entwenden will.

Ein Diebstahl der EC-Karte wird nur in den Fällen anzunehmen sein, wenn der Täter den Berechtigten endgültig, also auch nach der unbefugten Benutzung, von der Verfügung über die Karte – z.B. durch Wegwerfen oder Behalten – ausschließen will.

Genau auf den SV achten: was will der Täter nach Gebrauch der Karte: Wegwerfen? Rückgabe?

Eine EC-Karte lässt sich auch nicht mit einem Sparbuch vergleichen. Während ein Sparbuch als Beweisurkunde für die darin verbriefte Forderung und als entsprechendes Legitimationspapier für den jeweiligen Inhaber gilt, verkörpert die EC-Karte als solche funktionsspezifisch keine bestimmte Geldforderung des Karteninhabers gegen das kontoführende Bankinstitut. Sie ist funktionsspezifisch als „Schlüssel zum Konto" ein möglicher Weg, Kontoverfügungen zu treffen, ohne dass sich hieraus ein entsprechender Sachwert ermessen ließe – z.B. Kontostand befindet sich im Dispositionskredit.

EC-Karte / Sparbuch

Da alle Überlegungen vorliegend zum selben Ergebnis gelangen, kann eine Entscheidung unterbleiben.

Beachte: „Kann" meint „muss"!

Daher hat A lediglich eine **straflose Gebrauchsanmaßung (furtum usus)** an der EC-Karte begangen, als sie diese aus dem Schreibtisch herausnahm.

A ist nicht strafbar gemäß § 242 Abs. 1.

II. A könnte einen **Computerbetrug** gemäß **§ 263 a Abs. 1 Mod. 3** begangen haben, als sie am Geldautomaten die persönliche Identitätsnummer (PIN) eingab.

Das konkrete Anknüpfungsverhalten genau benennen.

1. Dann müsste die Eingabe der persönlichen Geheimnummer zugleich eine **unbefugte Verwendung von Daten** darstellen.

a) Die von A in den Geldautomaten eingegebenen Informationen in Form der persönlichen Geheimnummer waren Daten, da sie Gegenstand eines Datenverarbeitungsvorgangs sein konnten. Durch Eingabe hat A diese Daten auch verwendet.

Nicht den Datenbegriff aus § 202 a Abs. 2 verwenden.

b) Fraglich ist, ob die A die Daten „unbefugt" verwendet hatte. Die Auslegung dieses Merkmals ist zweifelhaft, allerdings besteht Einigkeit in der Annahme dieser Voraussetzung, wenn die Abhebung an einem Geldautomaten durch einen Nichtberechtigten erfolgt, der eine gefälschte, manipulierte oder mittels verbotener Eigenmacht erlangte Karte verwendet. In einem solchen Fall ist das Handeln betrugsäquivalent.

Vgl. dazu ausführlich Fall 22.

In diesem Sinne war die A nicht berechtigt, da sie die EC-Karte zuvor durch Wegnahme erlangt hatte.

2. Dieses Verhalten der A führte zudem zur Beeinflussung eines Datenverarbeitungsvorgangs dergestalt, dass nach Eingabe der persönlichen Geheimnummer eine Barauszahlung veranlasst wurde. Infolge dieses Datenverarbeitungsvorgangs und der erfolgten Bargeldauszahlung erlitt die

Die Bank hat zunächst den Schaden!

kontoführende Bank überdies einen **Vermögensschaden** i.H.d. ausgezahlten Betrages.

3. Die A handelte **vorsätzlich** und in der Absicht, sich zu Unrecht zu bereichern. **Rechtfertigungsgründe** und **Schuldausschließungsgründe** liegen nicht vor.

Andere Normen (§§ 274, 303 a) scheiden aus!

Durch Eingabe der persönlichen Geheimnummer ist die A eines Computerbetruges gemäß § 263 a schuldig.

Beachte: Anderes Anknüpfungsverhalten

III. Des Weiteren könnte die A einen **Diebstahl** gemäß **§ 242 Abs. 1** durch Herausnahme der Geldscheine begangen haben.

1. Dann müssten die Geldscheine als **bewegliche Sachen** zum Zeitpunkt des Herausnehmens **fremd** gewesen sein.

Es könnte erwogen werden, dass – ähnlich wie in den Fällen des Tankens ohne zu bezahlen – durch Herausgabe der Geldscheine seitens des Geldautomaten und zeitgleicher Herausnahme dieser Geldscheine durch A eine **Übereignung gemäß § 929 S. 1 BGB** erfolgt ist.

Zivilrechtlicher Bezug des Merkmals „fremd"

Indes ist vorliegend zu berücksichtigen, dass die kontoführende Bank nur den Willen hat, rechtsgeschäftliche Übereignungen an ihre jeweiligen Vertragspartner aus den Giroverträgen zu vollziehen. Mithin enthält die Preisgabe der Geldscheine durch den Geldautomaten nur das Angebot an den jeweiligen Vertragspartner, diesem diese Geldscheine zu übereignen.

Dieses Angebot nahm die A nicht an. Zum einen gab sie keinerlei (Vertreter-)Erklärungen für ihren Bruder als Vertragspartner ab, zum anderen fehlte ihr die Vertretungsmacht. Infolgedessen hat eine Übereignung der Geldscheine zum Zeitpunkt der Preisgabe an A nicht stattgefunden, vielmehr ist die ausführende Bank Eigentümerin der Geldscheine geblieben.

Tatsächlicher Bezug des Merkmals „Wegnahme"!

2. Fraglich ist, ob die A durch Herausnahme der Geldscheine diese **weggenommen**, also fremden Gewahrsam gebrochen und neuen begründet hat.

Das Erfordernis der Sachherrschaftsbegründung durch sie ist gegeben, allerdings ist die Annahme eines Gewahrsamsbruches zweifelhaft, da der Geldautomat ohne weitere äußerliche Manipulationen gleichsam „freiwillig" die Geldscheine herausgab.

Nach heute überwiegender Ansicht[39] wird von einem **tatbestandsausschließenden Einverständnis seitens der Bank** ausgegangen, wenn der den Auszahlungsvorgang auslösende Täter sich unter Nutzung der richtigen Geheimnummer das Geld verschafft. Die reale Willensbildung der Bank geht dahin, jedes Mal bei Eingabe der richtigen Geheimnummer in Verbindung mit den übrigen Kontodaten die tatsächliche Sachherrschaft an den Geldscheinen aufzugeben.

Mangels Gewahrsamsbruches scheidet die Begehung eines Diebstahls aus.

IV. Soweit das Verhalten der A durch Herausnehmen der Geldscheine den Tatbestand einer **Unterschlagung** gemäß **§ 246 Abs. 1** erfüllt, tritt diese als formell subsidiär hinter dem Computerbetrug zurück.

Ergebnis: A ist wegen eines Computerbetruges gemäß § 263 a strafbar.

---

39 Fischer § 242 Rn. 26.

Fall 10: Der Begriff des gefährlichen Werkzeugs in § 244 Abs. 1 Nr. 1 a)

(BGH, Beschl. v. 03.06.2008 – 3 StR 246/07, RÜ 2008, 577)

R begab sich in einen Lebensmittelmarkt. An seinem Gürtel führte er ein klappbares Taschenmesser mit einer längeren Klinge bei sich, um von Whiskeyflaschen, die er stehlen wollte, die Sicherungsetiketten abzuschneiden. R nahm drei Flaschen Whiskey aus einem Regal, ging einen Gang weiter, entfernte dort mit dem Messer die Sicherungsetiketten und verließ das Geschäft, ohne zu bezahlen. Das Amtsgericht ist der Einlassung des R gefolgt, er habe das Messer keinesfalls gegen Menschen einsetzen wollen.

Wie hat sich R strafbar gemacht?

I. R könnte sich wegen **Diebstahls mit Waffen (§§ 242, 244 Abs. 1 Nr. 1 a))** strafbar gemacht haben, indem er drei Flaschen Whiskey für sich aus dem Laden entwendete und dabei ein Taschenmesser mit sich geführt hat.

1. Frühestens mit Ergreifen der Flaschen, spätestens mit Verlassen des Supermarktes hat R die Sachherrschaft des Ladeninhabers gebrochen und eigene Sachherrschaft an den im Eigentum des Marktes stehenden Gegenständen gebrochen. Die drei Tatobjekte bilden in diesem einheitlichen Geschehen als natürliche Handlungseinheit einen einheitlichen Diebstahl.[40] Bezogen auf die **Wegnahme fremder beweglicher Sachen** handelte R mit Vorsatz. Durch den geplanten Konsum des Schnapses wollte R den ursprünglichen Eigentümer dauerhaft aus dessen Eigentumsstellung an der Sache verdrängen und sich die Sache in ihrer Substanz durch bestimmungsgemäßen Gebrauch dem eigenen Vermögen einverleiben, ohne auf die Sache einen Anspruch zu haben. R handelte somit in der **Absicht rechtswidriger Zueignung.** R handelte **rechtswidrig** und **schuldhaft**.

So der verkürzte Gutachtenstil!

R hat sich eines Diebstahls an drei Flaschen Whiskey schuldig gemacht (§ 242).

2. Möglicherweise hat R durch das Beisichführen des Taschenmessers während des Diebstahls den **Qualifikationstatbestand des § 244 Abs. 1 Nr. 1 a)** erfüllt.

a) Das von R mitgeführte alltägliche Taschenmesser war **keine Waffe**, da das Messer nach seiner bestimmungsgemäßen Art nicht für Angriffs- und Verteidigungszwecke gegen Menschen bestimmt und zur Verursachung erheblicher Verletzungen von Menschen nicht generell geeignet war.

Es soll für das Beisichführen genügen, wenn der Dieb die Waffe oder das gefährliche Werkzeug stiehlt;[41] das überzeugt nicht, da Tatmittel und Tatobjekt nicht identisch sein können.[42]

b) Das von R mitgeführte alltägliche Taschenmesser könnte jedoch **ein gefährliches Werkzeug** i.S.d. § 244 Abs. 1 Nr. 1 a) gewesen sein. Fraglich ist, **welcher Maßstab gilt**.

(1) Der Maßstab aus § 224 Abs. 1 Nr. 2 kann für § 244 nicht gelten. Wenn es bei der gefährlichen Körperverletzung vor allem auf die konkrete Verwen-

40 Wessels/Beulke/Satzger AT Rn. 1067.

41 BGH, Urt. v. 17.10.2013 – 3 StR 263/13, RÜ 2014, 31.

42 Hoffmann-Holland/Kretschmer, BT Rn. 857.

dung ankommt, ob der Gegenstand geeignet ist, erhebliche Verletzungen hervorzurufen, genügt beim „Waffendiebstahl" das bloße Beisichführen des gefährlichen Werkzeugs. Auf eine konkrete Verwendung kommt es gerade nicht an, sodass dieser konkrete Maßstab nicht gelten kann.[43]

(2) Zum einen findet sich für die Bestimmung des gefährlichen Werkzeugs in § 244 Abs. 1Nr. 1 a) ein objektiver Maßstab. Diese **objektive Sichtweise** hat viele Varianten.[44] So wird teilweise darauf abgestellt, ob das Werkzeug potentiell zu Verletzungszwecken eingesetzt werden kann oder ob der Gegenstand generell zur Herbeiführung erheblicher Verletzungen geeignet ist. Andere fragen danach, ob in der konkreten Tatsituation eine andere Verwendung als der Einsatz zu Verletzungszwecken denkbar ist. Deliktstypische Gegenstände wie Einbruchswerkzeuge würden nach dieser Sichtweise nicht unter den Normzweck der abstrakten Gefährlichkeit fallen. Der BGH[45] spricht bei einem Taschenmesser mit einer längeren Klinge von der latenten Gefahr. Generell geht es um die Suche nach einem objektiven Maßstab, um einem regelmäßig zweckentfremdeten Gegenstand eine **Waffenersatzfunktion** zuzusprechen.

(2) Zum anderen findet sich eine **subjektive Sichtweise**. Im Wege der teleologischen Reduktion werden nur solche mitgeführten Gegenstände als gefährlich angesehen, wenn zu ihrer allgemeinen Eignung, erhebliche Körperverletzungen zu bewirken, hinzutritt, dass diese Wirkung bei Umsetzung des inneren Verwendungsvorbehaltes auch eintreten soll.[46] Der Täter muss das Bewusstsein haben, den Gegenstand notfalls als gefährliches Werkzeug einsetzen zu können.

Diese Rechtsfrage ist ein „Prüfungsklassiker", kaum ein § 242 ohne § 244 Abs. 1 Nr. 1 a). Dennoch: Beschränken Sie sich auf eine grobe Darstellung zwischen dem objektiven und subjektiven Maßstab in wenigen Varianten – maximal zwei Seiten!

(3) Gegen die subjektive Sichtweise lässt sich vor allem die Gesetzessystematik anführen. Einen Verwendungsvorbehalt erwähnt § 244 Abs. 1 Nr. 1 b). Daher ist es verfehlt, einen solchen in die objektiv gefasste Nr. 1 a) hineinzulesen.[47] Die objektive Sichtweise birgt die Gefahr der Unbestimmtheit. Jedoch ist mit Blick auf die Waffe als Tatalternative die – objektive – Waffenersatzfunktion eines Werkzeugs restriktiv zu bestimmen. Deliktsadäquate und sozialadäquate Gegenstände, deren Beisichführen erklärbar und alltäglich ist, haben eine solche Funktion nicht.[48] Die Gefährlichkeitsvermutung muss sich anhand der konkreten Umstände erkennen lassen. Ein alltägliches Taschenmesser, dessen Beisichführen als Gebrauchsgegenstand in der konkreten Situation sozialadäquat ist, erfüllt nicht die Gefährlichkeitsvermutung.

R hat sich demnach nicht nach § 244 Abs. 1 Nr. 1 a) schuldig gemacht.

II. Da R keinerlei Verwendungsabsicht bezüglich des Messers gehabt hat, scheitert auch eine Strafbarkeit nach § 244 Abs. 1 Nr. 1b**.**

III. R könnte sich wegen eines Diebstahls in einem besonders schweren Fall strafbar gemacht, wenn die Sicherungsetiketten eine Schutzvorrichtung

43 Fischer § 244 Rn. 15; Hoffmann-Holland/Kretschmer BT Rn. 844.
44 Fischer § 244 Rn. 21; Jäger Examensrepetitorium BT Rn. 271.
45 BGH, Beschl. v. 03.06.2008 – 3 StR 246/07, RÜ 2008, 577.
46 Rönnau JuS 2012, 117; Wessels/Hillenkamp BT 2 Rn. 275.
47 BGH, Beschl. v. 03.06.2008 – 3 StR 246/07, RÜ 2008, 577.
48 Jäger Examensrepetitorium BT Rn. 272.

gegen Wegnahme gemäß § 243 Abs. 1 Nr. 2 waren. **Sicherungsetiketten** dienen aber nicht dem Schutz gegen einen Gewahrsamsbruch, sondern sie bezwecken die Wiedererlangung des bereits an den Täter verlorengegangenen Gewahrsams.[49] Daher ist das Regelbeispiel nicht erfüllt.

IV. R hat sich wegen **Sachbeschädigung nach § 303 Abs. 1** strafbar gemacht, indem er die Verbindung zwischen den Flaschen und dem Sicherungsetikett zerstört hat.

Ergebnis: R hat sich wegen eines Diebstahls und einer Sachbeschädigung dreier Flaschen Whiskey strafbar gemacht (§§ 242, 303).

49 OLG Dresden, Beschl. v. 12.03.2015 – 2 OlG 22 Ss 14/15, NStZ-RR 2015, 211; Hecker JuS 2015, 847; Jäger Examensrepetitorium BT Rn. 253.

Fall 11: Bandendiebstahl

(BGH, Beschl. v. 22.03.2001 – GrSSt 1/00, RÜ 2001, 412)

A, B und C kamen überein, in Zukunft gemeinsam gebrauchte Fahrzeuge durch einen Trick an sich zu bringen, um sie weiterzuverkaufen. In Ausübung ihres Vorhabens suchten A und B mehrere Autohäuser auf. Sie nahmen im Freien abgestellte Fahrzeuge in Augenschein und täuschten Kaufinteresse vor. Entsprechend ihres Tatplans lenkte einer von beiden die Aufmerksamkeit des Verkaufspersonals ab, während der andere einen Abdruck des Original-Schlüssels erstellte. Am jeweils folgenden Wochenende brachte C die Fahrzeuge unter Verwendung eines nach der Kopie ausgefertigten Nachschlüssels an sich. So geschah es auch im Juli 2006, allerdings dieses Mal ohne weitere Beteiligung des C. Der eingeweihte X brachte an diesem Wochenende mit einem Nachschlüssel einen hochwertigen Pkw an sich, indem er auch das Lenkradschloss knackte, und händigte das Fahrzeug an A und B aus. Für diese einmalige Tätigkeit erhielt er von A und B einen Lohn in Höhe von 500 €. C ist untergetaucht.

Strafbarkeit von A, B und X?

A. Strafbarkeit von A und B

Beide zusammen prüfen, da sie völlig gleichgerichtet handelten.

I. A und B könnten durch Herstellen des Nachschlüssels und Annahme des Fahrzeugs einen **gemeinschaftlichen Diebstahl** gemäß **§§ 242 Abs. 1, 25 Abs. 2** begangen haben.

1. Das Kraftfahrzeug stellte für A und B eine **fremde bewegliche Sache** dar.

2. Dieses müssten sie **gemeinschaftlich weggenommen** haben.

a) Unmittelbar selbst sind A und B im Sinne einer Wegnahme nicht tätig geworden, da sie lediglich das zuvor entwendete Fahrzeug von X in Empfang nahmen.

b) Allerdings erfüllte das Verhalten des X die Voraussetzungen einer Wegnahme, da er fremden Gewahrsam des Autohändlers durch Fortfahren mit dem Pkw brach und zugleich eigenen Gewahrsam begründete.

Die Mittäterschaft ist bei der Tathandlung der jeweiligen BT-Norm zu erörtern, nicht „losgelöst" vom Tatbestand der BT-Norm!

Diese Wegnahmehandlung des X müsste A und B **nach den Grundsätzen der Mittäterschaft zurechenbar** sein. Dieses setzt gemäß **§ 25 Abs. 2** voraus, dass A, B und X auf der Grundlage eines gemeinschaftlichen Tatentschlusses den Diebstahl gemeinschaftlich ausgeführt haben. Ein gemeinschaftlicher Tatplan zwischen den handelnden Personen lag vor. Fraglich könnte allerdings sein, ob A und B an der Tatausführung gemeinschaftlich beteiligt waren, da sie am Wochenende bei der unmittelbaren Ausführungshandlung nicht anwesend waren und ihre Tatbeiträge in der Vorbereitungs- bzw. Nachbereitungsphase erbrachten.

Zu den Anforderungen an einen Tatbeitrag, der eine mittäterschaftliche Zurechnung begangener Ausführungshandlungen gestattet, werden unterschiedliche Ansichten vertreten.[50]

---

50 Vgl. zum Meinungsstreit Hoffmann-Holland AT Rn. 527 ff.

aa) Nach Ansicht der insbesondere von der Rspr. vertretenen subjektiven Theorie ist auf subjektive Elemente (animus auctoris) der Beteiligten wie Tatinteresse, Tatplanung oder auch Wille zur Tatherrschaft abzustellen. Angesichts des überragenden Interesses von A und B an der Tatbeute sind sie deshalb als Mittäter des X anzusehen.

bb) In der Lit. wird eine Zurechnung fremder Tatbeiträge nur unter den Voraussetzungen sogenannter Tatherrschaft vorgenommen. Der Beteiligte muss durch Leisten seines Tatbeitrages zum Träger der Tatherrschaft werden. Allerdings wird innerhalb dieser Tatherrschaftslehre unterschiedlich beurteilt, wann der objektive Tatbeitrag zu erbringen ist:

Tatherrschaftslehre

Enge Tatausführungsherrschaft

oder

Arbeitsteilig in jeder Phase?

Ein Teil verlangt im Sinne einer engen Tatherrschaftslehre einen Tatbeitrag unmittelbar in der Ausführungsphase im Sinne einer Tatbestandsherrschaft. Danach wären A und B nicht Mittäter, da die Wegnahmehandlung durch X spätestens mit Verlassen des Betriebsgeländes vollendet war.

Nach einem anderen, weiten Verständnis kann Tatherrschaft auch durch arbeitsteiliges Vorgehen in jeder Phase der Tat begründet werden. Danach wären A und B durch ihre notwendig erbrachten Tatbeiträge in der Vorbereitungsphase Mittäter.

cc) Die enge Tatherrschaftslehre ist abzulehnen. Schon der Wortlaut des § 25 Abs. 2 spricht gegen dieses enge Verständnis, da Mittäter eine Straftat gemeinschaftlich begehen, nicht notwendig gemeinsam einen Tatbestand. Außerdem werden die beiden weitergehenden Ansichten dem sozialen Phänomen Mittäter durch Abstellen auf arbeitsteiliges Vorgehen, auch unter Berücksichtigung der jeweiligen Interessen, besser gerecht. Vorliegend ist deshalb von einer mittäterschaftlichen Begehung auszugehen, da A und B unmittelbar wirtschaftliches Interesse an der Begehung des Diebstahls hatten und objektiv arbeitsteilig mit X dergestalt vorgingen, dass A und B notwendige mitgestaltende Vorbereitungsakte durch Anfertigen eines Schlüsselabdrucks durchführten, der X im Gegenzug den Teilakt der Wegnahme beisteuerte.

Stellungnahme erforderlich zwischen subjektiver Theorie und weiter Tatherrschaftslehre einerseits sowie enger Tatherrschaftslehre andererseits.

3. A und B handelten **vorsätzlich** und in der **Absicht rechtswidriger Zueignung** sowie **rechtswidrig** und **schuldhaft**.

Regelbeispiele nicht vor Qualifikation prüfen

A und B sind wegen gemeinschaftlichen Diebstahls gemäß §§ 242 Abs. 1, 25 Abs. 2 strafbar.

II. A und B könnten sich des Weiteren wegen eines **gemeinschaftlichen Bandendiebstahls** gemäß **§§ 244 Abs. 1 Nr. 2, 25 Abs. 2** strafbar gemacht haben, indem sie als Mitglieder einer Bande unter Mitwirkung durch X gestohlen haben.

1. A und B begingen gemeinschaftlich einen Diebstahl gemäß §§ 242 Abs. 1, 25 Abs. 2.

2. Außerdem müssten sie als Mitglied einer Bande, die sich zur fortgesetzten Begehung von Raub oder Diebstahl verbunden hat, unter Mitwirkung eines anderen Mitglieds gestohlen haben.

Bande = loser Zusammenschluss
Vereinigung = straffe Organisation

Streitstand überholt!

a) Eine Bande ist eine Gruppe von Personen, die sich ausdrücklich oder stillschweigend zur Verübung fortgesetzter, im Einzelnen noch ungewisser Diebes- oder Raubtaten verbunden hat.

Nachdem in Rspr. und Schrifttum die Mindestanzahl der zur Bande zusammengeschlossenen Personen unterschiedlich mit zwei oder drei Mitgliedern beurteilt wurde, hat der Bundesgerichtshof[51] seine bisherige Ansicht aufgegeben und bejaht nunmehr das Bestehen einer Bande erst bei einem Zusammenschluss von mindestens drei Personen.

Vorliegend hatten sich A, B und C zu dieser Bande zusammengeschlossen.

b) Zugleich muss die Abrede zwischen den Bandenmitgliedern getroffen sein, fortgesetzt Diebstähle oder Raubdelikte zu begehen. Hierzu reicht bereits die Abrede, mehrere selbstständige, im Einzelnen gegebenenfalls noch ungewisse Taten zukünftig zu begehen.

Diese Vereinbarung wurde zwischen den Beteiligten A, B und C getroffen.

c) Schließlich müsste es sich bei dem begangenen Diebstahl um eine Bandentat gehandelt haben. Hierzu ist erforderlich, dass die Tat unter Mitwirkung eines anderen Bandenmitglieds begangen wurde.

Streitstand überholt!

Bei der Auslegung dieser Tatbestandsvoraussetzung ist lange Zeit überwiegend vertreten worden, dass hierunter ein zeitliches und örtliches Zusammenwirken von mindestens zwei Bandenmitgliedern vor Ort verlangt werden müsse. Unter Aufgabe der bisherigen Rspr. verlangt der BGH nunmehr, dass – gleichgültig ob am Tatort oder woanders – mindestens ein Bandenmitglied als Täter beteiligt sein muss und mindestens ein weiteres Bandenmitglied – als Täter oder Teilnehmer – an der konkreten Tat mitwirken muss. Die Wegnahmehandlung muss nicht mehr von mehreren Beteiligten in zeitlichem und örtlichem Zusammenwirken begangen werden. Sie kann auch durch eine Person ausgeführt werden, die nicht Bandenmitglied ist. In diesem Fall müssen allerdings mindestens zwei nicht anwesende Bandenmitglieder beteiligt sein.

Vorliegend waren A und B als Mitglieder der Bande in der Vorbereitungsphase beteiligt, der Diebstahl wurde durch X ausgeführt, unbeschadet seiner fehlenden Bandenmitgliedschaft.

Damit haben A und B gemeinschaftlich als Mitglieder der ABC-Bande einen Bandendiebstahl unter Mitwirkung des X begangen.

3. A und B handelten **vorsätzlich.**

A und B sind wegen gemeinschaftlichen Bandendiebstahls gemäß §§ 242, 244 Abs. 1 Nr. 2, 25 Abs. 2 strafbar. Die Qualifikation des § 244 verdrängt den Grundtatbestand.

III. Die Tat könnte als **besonders schwerer Bandendiebstahl** gemäß **§§ 244 a, 25 Abs. 2** qualifiziert sein.

Voraussetzung ist, dass eine Strafschärfung der §§ 243 Abs. 1 S. 2, 244 Abs. 1 Nr. 1 oder 3 zusätzlich zum Bandendiebstahl erfüllt ist.

1. So könnte der Mittäter X gemäß Nr. 1 mit einem falschen Schlüssel in einen umschlossenen Raum eingedrungen sein **(§ 243 Abs. 1 Nr. 1).**

---

51 BGH, Beschl. v. 22.03.2001 – GSSt 1/00, RÜ 2001, 412; Hoffmann-Holland/Kretschmer BT Rn. 863.

Unter einem umschlossenen Raum ist jedes Raumgebilde zu verstehen, das dazu bestimmt ist, von Menschen betreten zu werden und das mit mindestens teilweise künstlichen Vorrichtungen zur Abwehr des Eindringens Unbefugter umgeben ist. Hierunter sind vor allem Autos mit ihrem Innenraum zu verstehen. In diesen umschlossenen Raum ist der X mittels eines falschen Schlüssels, der zum Zeitpunkt der Tat nicht vom Berechtigten zur Öffnung bestimmt war, eingedrungen. Die Verwirklichung dieses Regelbeispiels durch den X wird A und B gleichermaßen nach den Voraussetzungen der Mittäterschaft gemäß § 25 Abs. 2 im Sinne einer eigenen Verwirklichung des Regelbeispiels zugerechnet.

2. Des Weiteren könnte das Regelbeispiel des **§ 243 Abs. 1 Nr. 2** vorliegen. Dann müsste eine Sache gestohlen worden sein, die durch eine Schutzvorrichtung gegen Wegnahme besonders gesichert ist.

Soweit der X das verschlossene Fahrzeug mit dem Nachschlüssel öffnete, verwirklichte er das Regelbeispiel der Nr. 1, nicht die Nr. 2. Dieses Regelbeispiel wurde aber eigenständig verwirklicht, als der X mit dem Nachschlüssel das Lenkradschloss öffnete und das Fahrzeug startete. Ein Kraftfahrzeug ist neben allgemeiner Verschließbarkeit gegen Diebstahl insbesondere durch die Sicherung eines Lenkradschlosses gesichert. Diese Sicherung überwand der X mittels des Nachschlüssels.

Diese Verwirklichung des weiteren Regelbeispiels durch X ist A und B mittäterschaftlich gemäß § 25 Abs. 2 zuzurechnen.

Ergebnis: Da auch § 244a das Grunddelikt des § 242 und die Qualifikation des § 244 verdrängt, sind A und B als Mittäter eines schweren Bandendiebstahls schuldig.

B. Strafbarkeit des X

I. X ist wegen **gemeinschaftlichen Diebstahls** gemäß **§§ 242 Abs. 1, 25 Abs. 2** strafbar, als er am Wochenende das Kraftfahrzeug unter Verwendung des Nachschlüssels entwendete. Seine Täterschaft folgt bereits daraus, dass er alle objektiven Tatbestandsvoraussetzungen des § 242 Abs. 1 durch Fortschaffen des Fahrzeugs verwirklichte. Überdies handelte er in der Absicht, das Fahrzeug A und B als Dritten zuzueignen sowie auf der Grundlage eines gemeinschaftlichen Tatentschlusses mit A und B, die auch ihrerseits Mittäter zu X sein wollten.

Nicht vergessen: Gemeinschaftlichen Tatentschluss des weiteren Mittäters X zu den übrigen Mittätern – und umgekehrt – bejahen.

II. Eine Strafbarkeit des X aus **§§ 244 a, 25 Abs. 2** wegen eines **gemeinschaftlichen Bandendiebstahls** scheidet aus, da X nicht Mitglied der Bande war. Es gilt § 28 Abs. 2.

III. X könnte wegen **Beihilfe** zu dem von A und B begangenen **schweren Bandendiebstahl** gemäß **§§ 244 a, 27** strafbar sein.

1. A und B begingen mit ihrem gemeinschaftlichen schweren Bandendiebstahl eine vorsätzlich rechtswidrige Haupttat.

2. Hierzu leistete der X Hilfe, indem er das Fahrzeug am Wochenende entwendete.

3. X handelte **vorsätzlich** hinsichtlich der vorsätzlich begangenen rechtswidrigen Haupttat von A und B sowie vorsätzlich bezüglich seines eigenen Gehilfenbeitrages.

H.M.: § 28 Abs. 2 als Tatbestandsverschiebung

4. Fraglich ist, ob die Strafbarkeit des X deshalb noch eine Veränderung zu erfahren hat, weil er als Außenstehender und nicht als Mitglied einer Bande seinen Gehilfenbeitrag leistete. Denn bestimmt ein Gesetz, dass **besondere persönliche Merkmale** die Strafe schärfen, mildern oder ausschließen, so gilt das nur für den Beteiligten, bei dem sie vorliegen **(§ 28 Abs. 2)**. Dieses wird im Hinblick auf die Bandenmitgliedschaft durchaus unterschiedlich beurteilt:

a) Nach überwiegender Ansicht[52] handelt es sich hierbei um ein besonderes persönliches Merkmal, da die Bandenabrede der Beteiligten untereinander die besondere Beziehung der Beteiligten zueinander charakterisiert. Danach verbliebe es für X bei einer Haftung aus dem Grundtatbestand.

b) Nach einer Minderansicht[53] handelt es sich dagegen bei der Bandenmitgliedschaft um ein rein tatbezogenes, das Unrecht des Bandendiebstahls umschreibendes Tatmerkmal. Der Gehilfe hafte bereits bei bloßer Kenntnis vom Bandendiebstahl streng akzessorisch.

c) Auf der Grundlage der überwiegenden Ansicht ist vorliegend zugunsten des X eine Tatbestandsverschiebung vorzunehmen, sodass es bei einer Beihilfe zum mittäterschaftlich begangenen Diebstahl von A und B verbleibt. Die besondere Gefährlichkeit einer Bandentat ergibt sich aus dem dauerhaften Miteinander der Mitglieder. Als eingespieltes Team mit entsprechender Abrede stellen sie eine hohe Gefahr für das Rechtsgut Eigentum dar. Zu dieser erhöhten Gefährlichkeit trägt der außenstehende Beteiligte durch seine einmalige Hilfe dauerhaft nichts bei.

IV. Allerdings leben die dem X schon wegen seiner Kenntnis zurechenbaren Regelbeispiele des **mittäterschaftlichen Diebstahls** als Strafschärfung gemäß **§§ 243 Abs. 1 Nr. 1, 2** wieder auf.

Ergebnis für X: X ist wegen mittäterschaftlichen Diebstahls in einem besonders schweren Fall gemäß §§ 242 Abs. 1, 25 Abs. 2, 243 Abs. 1 Nr. 1, 2 strafbar.

---

52 BGH, Urt. v. 09.08.2000 – 3 StR 339/99, RÜ 2000, 289; Fischer § 244 Rn. 44.

53 Sch/Sch/Eser/Bosch § 244 Rn. 29.

2. Teil: Unterschlagung

Fall 12: Formelle Subsidiarität der Unterschlagung
(BGH, Urt. v. 06.02.2002 – 1 StR 513/01, RÜ 2002, 318)

A hatte seinen Nachbarn N im offenen Streit erstochen. Im Anschluss hieran nahm er dessen hochwertiges Mobiltelefon und Geldbeutel an sich. Es konnte nicht geklärt werden, wann A den Entschluss zur Mitnahme der Objekte gefasst hatte. Tage später wurde der A gefasst.

Strafbarkeit des A?

I. A könnte einen **Mord** gemäß **§ 211** begangen haben, als er den N erstach.

Beachte: „Dickschiffe" nach vorn!

1. A tötete einen Menschen.

2. Des Weiteren müsste er **Mordmerkmale** verwirklicht haben.

a) Tatbezogene Mordmerkmale der zweiten Gruppe des § 211 scheiden aus: Insbesondere ist angesichts der Tötung im offenen Streit keine für Heimtücke erforderliche Arglosigkeit des Opfers anzunehmen.

2. Gruppe als objektive Tatbestandsmerkmale

b) Täterbezogene Mordmerkmale sind dem Geschehen gleichermaßen nicht mit Sicherheit zu entnehmen. Da unklar ist, wann A den Entschluss gefasst hatte, Mobiltelefon und Geldbeutel des Opfers an sich zu nehmen, ist nach dem Grundsatz „in dubio pro reo" davon auszugehen, dass er diesen Entschluss erst nach der Tötung gefasst hatte, mithin nicht Motiv der Tötung war.

1. und 3. Gruppe als subjektive Tatbestandsmerkmale

Eine Strafbarkeit aus § 211 scheidet aus.

II. A ist wegen **Totschlags** gemäß **§ 212 Abs. 1** strafbar.

III. Eine Bestrafung aus §**§ 249, 250, 251** scheidet aus, da der A – in dubio pro reo – das Gewaltmittel nicht einsetzte, um Mobiltelefon und Geldbeutel an sich zu nehmen.

IV. A könnte einen **Diebstahl** gemäß **§ 242 Abs. 1** begangen haben, als er die Gegenstände nach Tötung seines Nachbarn an sich nahm.

1. Dann müssten Mobiltelefon und Geldbeutel als bewegliche Sachen für den A auch **fremd** gewesen sein.

Vorliegend ist zu beachten, dass zum Zeitpunkt der Ansichnahme der ursprüngliche Eigentümer bereits getötet war und er als Rechtsgutträger eines Eigentumsdeliktes ausschied. Allerdings ist zu berücksichtigen, dass die Fremdheit i.S.d. § 242 Abs. 1 den Regelungen des bürgerlichen Rechts folgt. Infolgedessen gelten nunmehr gemäß § 1922 BGB die Erben des N als dessen Gesamtrechtsnachfolger. Sollte es diese nicht geben, rückt an deren Stelle gemäß § 1936 BGB der Fiskus mit seinem gesetzlichen Erbrecht.

Es gilt das BGB!

Daher waren Mobiltelefon und Geldbeutel zum Zeitpunkt der Ansichnahme für den A fremd.

2. Diese fremden beweglichen Sachen müsste der A **weggenommen**, also Gewahrsam gebrochen und neuen Gewahrsam begründet haben.

Zum Zeitpunkt der Ansichnahme war N bereits verstorben und konnte daher keinen Herrschaftswillen, den der Täter hätte brechen müssen, ausüben.

Mit dem Todesfall und der eingetretenen Gesamtrechtsnachfolge treten die nunmehr Berechtigten in den sogenannten Erbenbesitz gemäß § 857 BGB ein. Dieser – letztlich gesetzlich fingierte – Besitz ist indes für die strafrechtliche Beurteilung der tatsächlichen Gewahrsamsverhältnisse unbedeutend. Die Besitzregelung des BGB, das auch Besitz ohne tatsächliche Herrschaft kennt (Besitzdiener gemäß § 855 BGB), gilt nicht für die Begründung von Gewahrsam, da dieser eine vom Herrschaftswillen getragene tatsächliche Sachherrschaft voraussetzt.

Da auf der Grundlage des Zweifelssatzes auch nicht davon ausgegangen werden kann, dass A bereits mit der Tötung fremden Gewahrsam brechen wollte, scheidet die Begehung eines Diebstahls zum Zeitpunkt der Ansichnahme der für A fremden beweglichen Sachen aus.

§ 246 wird in der Regel am Ende als Auffangnorm geprüft.

V. A könnte eine **Unterschlagung** gemäß **§ 246 Abs. 1** begangen haben, als er dem Toten das Mobiltelefon und das Geld abnahm.

1. Als A das Mobiltelefon und den Geldbeutel, für ihn insoweit fremde bewegliche Sachen, an sich nahm, eignete er sich diese rechtswidrig zu. Bereits im Ansichnehmen fremder Gegenstände – hier insbesondere der Sachen eines Toten nach begangener Straftat – manifestiert sich der Zueignungswille erkennbar nach außen.

2. Der A handelte **rechtswidrig** und **schuldhaft**.

3. Fraglich ist, ob § 246 im Wege der **formellen Subsidiarität** zurücktritt. Dann müsste die Tat in anderen Vorschriften mit schwererer Strafe bedroht sein.

Die Prüfung des Zweifelssatzes hat in der Falllösung stets neu anzusetzen: Es ist immer die für den Täter konkret günstigste Variante zu unterstellen!

a) Die Subsidiaritätsklausel erfasst aber nur Fälle der Gleichzeitigkeit,[54] setzt also Tateinheit zwischen der Unterschlagung und dem anderen Delikt voraus. Sie ist allerdings auch anwendbar, wenn die Annahme dieser Tatidentität auf der Anwendung des Zweifelssatzes beruht.[55] Davon ist vorliegend auszugehen. Es kann nicht ausgeschlossen werden, dass A bereits bei Tötung seines Opfers die Vorstellung hatte, dessen Geld und Wertsachen an sich zu bringen. Tötung und Eigentumsdelikt würden in natürlicher Handlungseinheit zueinander stehen.

b) Dem Wortlaut nach könnte nun die Klausel erfüllt sein, weil § 212 gegenüber § 246 tatsächlich eine höhere Strafdrohung enthält. Die Subsidiaritätsklausel könnte aber deshalb nicht anwendbar sein, weil es sich bei der Vorschrift mit höherer Strafandrohung um einen Totschlag mit dem Rechtsgut Leben und nicht um ein Zueignungsdelikt handelt.

Der BGH[56] wendet die Klausel dennoch an. Eine derartige Einschränkung der Subsidiaritätsklausel ist mit dem Wortlaut des Gesetzes, dessen möglicher Wortsinn die äußerste Grenze der Auslegung strafrechtlicher Bestim-

54 Fischer § 246 Rn. 23 c.

55 BGH, Urt. v. 06.02.2002 – 1 StR 513/01, RÜ 2002, 318; dazu Wessels/Hillenkamp BT 2 Rn. 327.

56 BGH, Urt. v. 06.02.2002 – 1 StR 513/01, RÜ 2002, 318.

mungen zum Nachteil eines Beschuldigten markiert, unvereinbar. Deshalb muss die Subsidiaritätsklausel des § 246 für alle Delikte mit höherer Strafdrohung gelten, wie überdies ein Vergleich mit der in § 265 eingefügten Subsidiaritätsklausel belegt. § 265 enthält nach seiner Änderung eine spezielle Subsidiaritätsklausel, wie sie auch in anderen Normen anzutreffen ist (§§ 145, 145 d, 202, 218 c, 316). Eine derartige Beschränkung enthält § 246 gerade nicht.

Ergebnis: A ist strafbar wegen Totschlags gemäß § 212 Abs. 1.

3. Teil: Sachbeschädigung

Fall 13: Wildes Plakatieren
(BGH, Beschl. v. 13.11.1979 – 5 StR 166/79, BGHSt 29, 129; BayObLG NJW 1987, 3271)

Student S war Mitveranstalter einer studentischen Feier, die mit 40 x 60 cm großen bunten Plakaten beworben wurde. Er entschloss sich, ein derartiges Plakat an einen Verteilerkasten eines Versorgungsunternehmens zu kleben. Ein Polizeibeamter, der den Vorgang beobachtet hatte, zog das Plakat ohne weitere Rückstände unverzüglich wieder ab. Nach Rückkehr in seine Wohnung ließ S aus einem Reifen des Fahrrads eines Mitbewohners des Hauses, in dem auch S wohnte, die Luft ab, da er sich über den Mitbewohner schon einige Male zuvor geärgert hatte. An dem Fahrrad, das von seinem Eigentümer für tägliche Besorgungen, Arztbesuche und dergleichen dringend benötigt wurde, befand sich eine Luftpumpe.

Strafbarkeit des S? Erforderliche Strafanträge sind gestellt.

I. S könnte eine **Sachbeschädigung** gemäß **§ 303 Abs. 1** an dem Verteilerkasten begangen haben, als er hierauf ein Plakat klebte.

Beachte: Die Sache muss nicht beweglich sein!

1. Der Verteilerkasten stellt als körperlicher Gegenstand eine **Sache** dar, die überdies **in fremdem Eigentum** steht.

2. Diese fremde Sache müsste S **beschädigt oder zerstört** haben. Angesichts des Aufklebens eines Plakats auf den Verteilerkasten könnte er diesen beschädigt haben.

Beschädigung ist eine nicht ganz unerhebliche Verletzung der Substanz. Nach überwiegender Ansicht ist ein Eingriff in die Substanz nicht notwendige Voraussetzung, vielmehr reichen körperliche Einwirkungen aus, die die (technische) Brauchbarkeit der Sache nachhaltig beeinträchtigen.

a) An einer derartigen Substanzverletzung fehlt es hier ganz offensichtlich, da das zuvor angeklebte Plakat vom Polizeibeamten unverzüglich ohne weitere Rückstände entfernt werden konnte. Insoweit scheidet vorliegend auch eine Beschädigung aus, die etwa infolge der Reinigung der Sache auftreten kann.

b) Fraglich ist, ob die durch Plakatierung vorgenommene etwaige äußere Verunstaltung des Verteilerkastens ohne Verletzung der Sachsubstanz den Tatbestand der Sachbeschädigung erfüllen kann.

So wird teilweise angenommen,[57] eine Sachbeschädigung liege stets dann schon vor, wenn der Gestaltungswille des Eigentümers oder das vernünftige Interesse des Eigentümers am Zustand und Erscheinungsbild der Sache beeinträchtigt wird und ihm ein nicht unerheblicher Instandsetzungsaufwand entsteht.

---

57 OLG Hamburg, Urt. v. 07.02.1979 – 1 Ss 62/78, NJW 1979, 1614; Schroeder JR 1976, 339.

Dieser Auslegung ist der BGH entgegengetreten.[58] § 303 schützt nicht, wie etwa § 1004 BGB, die Belange des Eigentümers in umfassender Weise. Strafrechtlichen Schutz gewährt § 303 nur dem Interesse des Eigentümers an der körperlichen Unversehrtheit seiner Sache. Überdies wäre das Abstellen auf den Gestaltungswillen des Eigentümers zu undeutlich, zu unbestimmt – Art. 103 Abs. 2 GG. Es kann nicht Aufgabe des Strafrichters sein, das „richtige" ästhetische Urteil zu finden und an die Stelle einer anderen Beurteilung, beispielsweise durch den Eigentümer, zu setzen.

Mit dem BGH ist vorliegend eine Sachbeschädigung abzulehnen. Auslegungsmaßstab ist in vorderster Linie der Wortlaut einer Norm. Danach muss es sich um eine Beschädigung handeln, eben mit einem Schaden am Eigentum. Davon kann keinesfalls die Rede sein, wenn ein aufgeklebtes Plakat ohne weitere Substanzbeeinträchtigung des beklebten Objekts wieder entfernt werden kann. Weitere ästhetische Gesichtspunkte, die schon vom Wortlaut des Beschädigens nicht erfasst sind, können überdies wegen inhaltlicher Konturenlosigkeit keine Appellfunktion erfüllen.

S ist durch das Überkleben des Verteilerkastens nicht wegen Sachbeschädigung gemäß § 303 Abs. 1 strafbar.

II. S könnte eine **Sachbeschädigung** nach **§ 303 Abs. 2** begangen haben, als er den Verteilerkasten „wild" plakatierte. Dann müsste er unbefugt das Erscheinungsbild einer fremden Sache nicht nur unerheblich und nicht nur vorübergehend verändert haben.

Mit der Regelung sollen Fälle erfasst werden, in denen eine Verunstaltung, Verdeckung oder Veränderung der Erscheinung die Grenze der Substanzverletzung nicht überschreitet.

1. A hat den Verteilerkasten in seinem **Erscheinungsbild verändert**, als er das Plakat aufklebte. Damit hat er den optischen Eindruck, den die Oberfläche des Verteilerkastens bei einem Betrachter erzeugt, verändert.

2. Fraglich ist allerdings, ob es sich hierbei um eine **bloß unerhebliche und vorübergehende Veränderung** gehandelt hat.

Unerheblich sind Veränderungen in der Regel, wenn keine Einwirkung auf die Sache oder auf den Gegenstand vorliegt und wenn sie nicht dauerhaft sind; vorübergehend sind solche Veränderungen, die ohne Aufwand binnen kurzer Zeit selbst wieder vergehen oder entfernt werden können.

Da der die Tat beobachtende Polizeibeamte das eigenmächtig angebrachte Plakat sofort wieder entfernen konnte, war die Veränderung des Erscheinungsbildes lediglich vorübergehender Natur.

Mithin scheidet auch eine Strafbarkeit nach § 303 Abs. 2 aus.

III. S könnte eine **Sachbeschädigung** gemäß **§ 303 Abs. 1** begangen haben, als er aus dem Reifen des Fahrrads seines Mitbewohners die Luft herausließ.

Fraglich ist, ob S durch Herauslassen der Luft das Fahrrad – eine für ihn fremde bewegliche Sache – beschädigt hat. Unter Sachbeschädigung ist jede nicht ganz unerhebliche körperliche Einwirkung auf eine Sache zu ver-

---

58 BGH, Beschl. v. 13.11.1979 – 5 StR 166/79, BGHSt 29, 129.

stehen, durch die ihre sachliche, stoffliche Zusammensetzung verändert oder ihre Unversehrtheit derart aufgehoben wird, dass die Brauchbarkeit für ihre Zwecke gemindert ist.

a) Das Ablassen der Luft aus einem Reifen eines Fahrrads führt zunächst zur **Einschränkung der Gebrauchsfähigkeit** des Fahrrads. Ohne Luft in einem der zwei Reifen ist ein bestimmungsgemäßer Gebrauch nicht möglich. Für die strafrechtliche Vollendung des § 303 Abs. 1 ist es unerheblich, dass die durch das Ablassen der Luft beseitigte Gebrauchsfähigkeit durch erneutes Aufpumpen des Reifens wiederhergestellt werden könnte. Denn hierin läge nur eine nachträgliche Schadensbeseitigung, die den bereits eingetretenen tatbestandlichen Erfolg rückwirkend nicht entfallen ließe.

Demgemäß könnten die Voraussetzungen einer Sachbeschädigung vorliegend bejaht werden.

b) In einem **Eingriff**, der **ohne Veränderung der Sachsubstanz** lediglich die Gebrauchsfähigkeit der Sache beeinträchtigt, kann allerdings dann **keine Sachbeschädigung** erblickt werden, wenn der **Eingriff nur geringfügig** ist, d.h. wenn die Gebrauchsfähigkeit ohne nennenswerten Aufwand an Zeit, Arbeit oder Kosten wiederhergestellt werden kann.

So ist in der Rspr. anerkannt,[59] dass das Ablassen der Luft aus nur einem Reifen eines Kraftfahrzeug nicht den Tatbestand der Sachbeschädigung erfüllt, wenn der Fahrer ein Ersatzrad bei sich führt und auch keine sonstigen besonderen Umstände vorliegen, die das Wiederaufpumpen erschweren. Deshalb liegt es nahe, das Ablassen der Luft aus einem Reifen eines Fahrrads zumindest in aller Regel dann nicht als Sachbeschädigung anzusehen, wenn sich an dem Fahrrad eine funktionsfähige Luftpumpe befindet. Denn das Wiederaufpumpen eines Fahrradreifens erfordert im Allgemeinen einen wesentlich geringeren Aufwand an Zeit und Mühe als ein Radwechsel an einem Kraftwagen.

Andererseits könnte Berücksichtigung finden, dass das Wiederaufpumpen auch eines Fahrradreifens einen nicht ganz unerheblichen Zeitaufwand und darüber hinaus während der Dauer der Tätigkeit die Anwendung körperlicher Kraft, die normalerweise durchaus als körperliche Anstrengung und Mühe empfunden wird, erfordert.

Überzeugender ist es jedoch, angesichts der Geringfügigkeit des Eingriffs – vergleichbar etwa mit dem Verdrehen eines Außenspiegels an einem Kraftfahrzeug – tatbestandlich die Voraussetzungen einer Sachbeschädigung aus Gründen des Bagatellprinzips abzulehnen.

Ergebnis: S ist straflos.

---

59 BGH, Beschl. v. 14.07.1959 – 1 StR 296/59, BGHSt 13, 207.

4. Teil: Betrug

Fall 14: Prozessbetrug im Mahnverfahren
(OLG Düsseldorf, Beschl. v. 30.08.1991 – 2 Ws 317/91, NStZ 1991, 586, BGH, Beschl. v. 19.11.2013 – 4 StR 292/13, NJW 2014, 711)

K übte den Beruf eines Finanzmaklers aus. In mehreren Fällen täuschte er interessierte Kunden über Finanzierungsmöglichkeiten und veranlasste diese zu Makleraufträgen. Trotz Erfolglosigkeit seiner Maklerbemühungen beantragte er bei einem Amtsgericht gegen S einen Mahnbescheid in Höhe von 1.000 € und bezeichnete seinen Anspruch mit „Maklerauftrag vom 07.10.2006“. Zugleich beantragte er für den Fall, dass der Gegner nicht rechtzeitig Widerspruch erhebt, einen Vollstreckungsbescheid. Der zuständige Rechtspfleger erließ diesen Mahnbescheid. K war sich im Klaren darüber, dass er die Maklercourtage wegen fehlenden Nachweises nicht verdient hatte. Nach erhobenem Widerspruch durch S wies das zuständige Amtsgericht die Klage des K ab.

Strafbarkeit des K?

I. A könnte einen **Betrug** gemäß **§ 263 Abs. 1** zulasten des S begangen haben, als er den Mahnbescheid beantragte.

Schon beim Obersatz sollte deutlich werden, zu wessen Lasten ein Betrug geprüft wird.

1. Dann müsste er **über Tatsachen getäuscht** haben.

Tatsache oder Werturteil?

a) Tatsachen sind gegenwärtige oder vergangene Verhältnisse, Zustände oder Geschehnisse. Hiervon abzugrenzen sind bloße Werturteile, bei denen die Äußerung nicht die Behauptung einer intersubjektiven überprüfbaren Wirklichkeit, sondern allein diejenige einer subjektiven Bewertung eines äußeren oder inneren Geschehens enthält. Bloße Rechtsausführungen sind, wenn sie allein die Rechtslage (z.B. das Bestehen eines Zahlungsanspruchs) beurteilen, keine Tatsachenerklärung. Anderes gilt, wenn zugleich (ausdrücklich oder konkludent) über anspruchsbegründende Tatsachen getäuscht wird.

b) Vorliegend gab der K bei der Bezeichnung des Anspruchs gemäß § 690 Abs. 1 Nr. 3 ZPO lediglich „Maklerauftrag vom 07.10.2006“ an. Mit dieser – wenn auch knappen – Erklärung gab der K nicht etwa nur eine rechtliche Beurteilung eines möglicherweise bestehenden Anspruchs wieder, sondern erklärte zugleich in Form einer verkürzten Rechtstatsache, dass er aus einem am 07.10.2006 erteilten und schließlich abgewickelten Maklerauftrag eine entsprechende Courtage verdient hat.

„Rechtstatsache“

Infolgedessen enthält die im Mahnantrag vorgenommene Bezeichnung des Anspruchs eine unwahre (Rechts-)Tatsachenerklärung.

c) Durch die konkrete Bezeichnung des Anspruchs hat K ausdrücklich die unwahre Behauptung des Vorliegens dieser Umstände aufgestellt und eine Täuschung vorgenommen.

2. Durch die Täuschung muss ein **Irrtum erregt oder unterhalten** werden. Dieses ist spiegelbildliches Gegenstück zur Täuschung und selbstständiges Betrugsmerkmal.

Beachte: Nicht inhaltsgleich mit § 16!

a) Irrtum ist nach überwiegender Ansicht jeder Widerspruch zwischen einer subjektiven Vorstellung und der Wirklichkeit, wobei ein Irrtum auch dann bejaht wird, wenn der Getäuschte Zweifel an der Wahrheit des Vorgespiegelten hat. Das gänzliche Fehlen einer Vorstellung, also die Unkenntnis der relevanten Tatsachen, begründet dagegen noch keinen Irrtum.

Anderes gilt eben bei § 16!

b) Vorliegend war der Rechtspfleger zuständig für den Erlass des Mahnbescheides (§ 20 Abs. 1 Nr. 1 RPflG).

Gemäß § 692 Abs. 1 Nr. 2 ZPO enthält der Mahnbescheid den ausdrücklichen Hinweis, dass das Gericht nicht geprüft hat, ob dem Antragsteller – hier dem K – der geltend gemachte Anspruch zusteht.

aa) Hieraus und aus dem im Übrigen automatisierten Mahnverfahren wird in der Lit.[60] überwiegend die Ansicht vertreten, dass eine positive Fehlvorstellung des Rechtspflegers im Mahnverfahren nicht gegeben sei. Ohne weitere Prüfung erlasse er vielmehr in jedem Fall einen Mahnbescheid. Damit wäre der Betrug mangels Irrtumserregung abzulehnen.

Sachgedankliches Mitbewusstsein: „Alles in Ordnung"

bb) Demgegenüber hat die Rspr.[61] die Position eingenommen, dass trotz fehlender materieller Prüfungspflicht eine Täuschung des Rechtspflegers sehr wohl möglich sei. Denn unabhängig von dieser Prüfungspflicht müsse der Rechtspfleger bei Kenntnis der Nicht-Existenz des geltend gemachten Anspruchs den Erlass eines Mahn- oder Vollstreckungsbescheides ablehnen, wolle er nicht zum Mittäter eines Betruges werden. Infolgedessen wird ein Rechtspfleger stets bei Erlass des Mahnbescheides das begleitende Bewusstsein, dass „alles in Ordnung" sei, haben. Danach könnte vorliegend ein Betrug begangen worden sein.

cc) Im Ergebnis ist ein Irrtum anzunehmen. Der Hinweis gemäß § 692 Abs. 1 Nr. 2 ZPO dient der Information des vermeintlichen Schuldners, dass trotz Erlasses eines Mahnbescheides eine materiell beständige Prüfung des Anspruchs durch ein unabhängiges Gericht noch nicht stattgefunden hat. Dem Schuldner soll nicht das Gefühl vermittelt werden, dass mit Erlass des Mahnbescheides gleichsam alles gelaufen sei. Dessen ungeachtet macht sich aber das Rechtspflegeorgan vor Erlass eines Mahnbescheides im Groben darüber Gedanken, dass „wohl alles in Ordnung" sei, zumal sich der Staat bei grob fahrlässiger Unkenntnis des Rechtspflegers möglichen Ersatzansprüchen mit Durchgriffsmöglichkeit ausgesetzt sieht.

Infolgedessen kann vorliegend ein Irrtum des Rechtspflegeorgans bejaht werden.

Vermögensverfügung als ungeschriebenes Tatbestandsmerkmal

3. Als **ungeschriebenes Tatbestandsmerkmal** setzt § 263 Abs. 1 eine **Verfügung** des aufgrund der Täuschung Irrenden über eigenes oder fremdes Vermögen voraus.

Nicht Verfügung i.S.d. BGB, sondern in einem weiteren Sinn zu verstehen!

Verfügung ist jedes Tun oder Unterlassen, das sich unmittelbar vermögensmindernd auswirkt.

a) Eine Vermögensverfügung über eigenes Vermögen – des Rechtspflegers bzw. des Staates – scheidet von vornherein aus.

60 Lackner/Kühl § 263 Rn. 17.

61 BGH, Beschl. v. 19.11.2013 – 4 StR 292/13, RÜ 2014, 305; OLG Düsseldorf, Beschl. v. 30.08.1991 – 2 Ws 317/91, NStZ 1991, 586.

b) Der Erlass des Mahnbescheides könnte sich aber als Vermögensverfügung zulasten des S auswirken.

Angesichts der gesetzlichen Regelungen in der ZPO, ein Mahnverfahren zu betreuen, war der Rechtspfleger tatsächlich und rechtlich in der Lage, unmittelbar vermögensmindernde Handlungen in Bezug auf das Schuldnervermögen vorzunehmen.

Indes stellt sich die Frage, ob bereits der Erlass des Mahnbescheides eine derartig unmittelbar vermögensmindernde Wirkung hat.

Angesichts des weiteren notwendigen Verfahrensablaufs – ggf. Widerspruch gegen den Mahnbescheid, Erlass eines Vollstreckungsbescheides – ist diese unmittelbare Auswirkung im Vermögen des Schuldners abzulehnen. Allein der Erlass des Mahnbescheides wirkte sich noch nicht unmittelbar vermögensmindernd zulasten des S aus, da der Mahnbescheid für sich betrachtet keinen Zahlungstitel enthält, sondern nur die erste Stufe des Mahnverfahrens darstellt. Mit dieser Urkunde kann der Antragsteller letztlich keine Vermögensveränderung zu seinen Gunsten herbeiführen. Konkreten Vermögensbezug hätte es erstmalig im streitigen Erkenntnisverfahren nach eingelegtem Widerspruch mit einem entsprechenden Urteil (§ 704 ZPO) bzw. mit Erlass des Vollstreckungsbescheides (§§ 700 Abs. 1, 704 ZPO) gegeben. Aus diesen Zahlungstiteln hätte vollstreckt werden können.

ZPO-Normen benennen!

Der K ist nicht wegen Betruges strafbar.

II. K könnte aber durch Beantragung des Mahnbescheides einen **versuchten Betrug** gemäß **§§ 263 Abs. 1, 2, 22** begangen haben.

1. Bei Erlass des Mahnbescheides hatte der K den **Tatentschluss**, in dem zuständigen Rechtspfleger durch eine unwahre Tatsachenbehauptung einen Irrtum zu erregen. Zugleich stellte er sich vor, dass nach Erlass des Mahnbescheides später noch ein Vollstreckungsbescheid durch den Rechtspfleger ergehen würde, dieser mithin unmittelbar über das Vermögen des S verfügen würde. Des Weiteren hatte K die Vorstellung, dass er aus diesem Vollstreckungsbescheid die nicht bestehende Forderung in Höhe von 1.000 € gegen den S werde vollstrecken können, jenem mithin eine Vermögenseinbuße in Höhe dieses Vollstreckungsbetrages entstehen würde.

Ein Versuch setzt einen „Entschluss“ zur Verwirklichung des Tatbestandes (aller objektiven und subjektiven Merkmale) voraus; nicht nur „Entschluss“ durch „Vorsatz“ ersetzen!

2. Der K handelte auch in der **Absicht, sich zu Unrecht zu bereichern**.

3. Fraglich könnte allerdings sein, ob der K bereits mit Beantragung des Mahnbescheides nach seiner Vorstellung von der Tat **unmittelbar** zur Verwirklichung des Betrugstatbestandes **angesetzt** hat.

So könnte erwogen werden, dass die Beantragung des Mahnbescheides als bloße Vorbereitungshandlung für einen in der Erwirkung des späteren Vollstreckungsbescheides liegenden Betrug anzusehen ist. Allerdings ist zu berücksichtigen, dass das formalisierte Mahnbescheidsverfahren seinen Ursprung im Antrag auf Erlass eines Mahnbescheides hat und der Antragsteller zugleich mit diesem Antrag den weiteren Antrag auf Erlass eines Vollstreckungsbescheides stellt. Mit Abgabe dieser beiden Anträge an das zuständige Mahngericht hat der jeweilige Antragsteller das Notwendige veranlasst, um nach Fristablauf einen Vollstreckungsbescheid als Vollstreckungstitel zu erhalten. Mit dem Ausfüllen des Mahnbescheidformulars und der anschließenden Abgabe der Handlungsherrschaft sollte das Mahnverfahren nach seiner Vorstellung einen ungestörten Fortgang ohne Zwischenakte nehmen und unmittelbar in die Tatbestandshandlung einmünden.[62]

Infolgedessen hat der K unmittelbar zur Tatbestandsverwirklichung angesetzt.

Nach Bejahung des Versuchs noch kurzen Blick auf den Rücktritt werfen!

4. Der K handelte **rechtswidrig** und **schuldhaft**. Rücktrittshandlungen nach § 24 sind nicht ersichtlich.

Ergebnis: K ist wegen versuchten Betruges gemäß §§ 263 Abs. 1, 2, 22 strafbar.

62 Fischer § 263 Rn. 199.

Fall 15: Abhebung und Auszahlung fehlgebuchter Gutschriften

(BGH, Beschl. v. 08.11.2000 – 5 StR 433/00, BGHSt 46, 194; OLG Köln, Beschl. v. 16.01.1987 – Ss 754/86, NJW 1987, 2527)

A unterhielt bei der D-Bank ein Geschäftskonto. Auf dieses Konto erfolgte am 12.02.2006 im Wege einer Fehlbuchung eine Gutschrift i.H.v. 369.769,57 €. Der noch am selben Tag von A ausgedruckte Datensatz enthielt zu seinem Konto diese Gutschrift. Infolge eines Tippfehlers hatte eine Sachbearbeiterin bei einer bankinternen Umbuchung eine falsche Filialnummer eingegeben, weshalb es bei ansonsten identischer Kontonummer zu der Gutschrift auf dem Konto des A kam. Der A erkannte, dass es sich um eine fehlerhafte Gutschrift handelte und verfügte über das Guthaben mit insgesamt 25 Überweisungen. Außerdem ließ er sich nach Ausfüllen eines Auszahlungsscheins 1.000 € bar auszahlen. Auf die Frage des Kassierers, ob es große Scheine sein dürften, antwortete der A mit „Ja" und erhielt 2.000 € ausgezahlt, weil der Kassierer sich verzählt hatte. Der A bemerkte auch dieses, nahm das Geld entgegen und gab es aus.
Strafbarkeit des A?

I. A könnte einen **Betrug** gemäß **§ 263 Abs. 1** gegenüber und zulasten der D-Bank begangen haben, als er die Überweisungen gegenüber seiner Bank veranlasste.

1. Dann müsste er **über Tatsachen getäuscht** haben.

a) Mit seinem Verhalten gab der A ausdrücklich die Erklärung ab, dass er eine Transaktion von seinem Konto zugunsten eines jeweiligen Empfängers wünsche. Dieses allein hat sicher nicht die Anforderung einer Täuschungshandlung erfüllt. Was „sagt" A?

b) Etwas anderes könnte gelten, wenn in der Einreichung der Überweisungsträger zugleich die schlüssige Erklärung läge, dass dem Überweisenden ein entsprechendes Guthaben auf dem Belastungskonto auch materiell zustehe. So könnte erwogen werden, dass der Überweisungswunsch zugleich die Erklärung einschließt, die Auszahlung aus dem ihm zustehenden Guthaben zu verlangen. Indes können Behauptungen über Rechte nur Gegenstand einer Täuschungshandlung sein, soweit sie zugleich konkludent Tatsachenbehauptungen enthalten. Die bloße (unzutreffende) Behauptung eines Anspruchs ist dagegen allein nicht geeignet, überhaupt eine betrügerische Täuschungshandlung zu begründen. Was „meint" A?

Dem Überweisungsauftrag könnte aber nur der Aussageinhalt beizulegen sein, dass für die zu überweisende Summe eine ausreichende Kontodeckung vorhanden sei.

Der Bundesgerichtshof hat sich wegen der Bankpraxis, bei der Abbuchungen ohne entsprechende Kontodeckung nicht selten sind, einen derartigen Erklärungswert abgelehnt.[63] Angesichts vielfältig eingeräumter Dispositionskredite und häufig auch darüber hinausgehender weiterer geduldeter Überziehungen wird überdies der Anweisende häufig keine konkrete Kenntnis über den Stand seines Kontos haben. Außerdem fällt die Führung des Kontos und die ordnungsgemäße Buchung von Last- und Gutschriften

63 Wessels/Hillenkamp BT 2 Rn. 497.

gemäß §§ 677 ff. BGB in den Pflichtenkreis der kontoführenden Bank. Damit trägt sie die Verantwortung für die Kontoführung und damit grundsätzlich auch das Risiko, dass die Schuld besteht und die Leistung den Anspruch nicht übersteigt.

2. Damit scheidet eine Bestrafung wegen Betruges durch Vorlage der Überweisungsformulare aus.

II. Dem A könnte weitergehend ein **Betrugsvorwurf durch Unterlassen** gemäß **§§ 263 Abs. 1, 13** deshalb gemacht werden, weil er nicht auf die Fehlbuchung hingewiesen hat.

Nutzt ein Täter die Fehlvorstellung über die infolge der unrichtigen Buchung vorhandene Stornomöglichkeit – bzw. eine daneben bestehende Bereicherungseinrede (§ 821 BGB) – aus, führt dies nur zu einer Strafbarkeit durch Unterlassen, wenn eine entsprechende Offenbarungspflicht besteht.

Fraglich ist, ob der A gemäß § 13 Abs. 1 zur Offenlegung der Fehlbuchung verpflichtet war.

1. So könnte eine **Garantenstellung** unter dem Gesichtspunkt der **Herbeiführung einer Gefahrenlage (Ingerenz)** infrage kommen. Dann müsste der A sich gefahrerhöhend – nach überwiegender Ansicht gar pflichtwidrig – für das Vermögen der Bank verhalten haben.

A hatte zu der Fehlbuchung in keiner Weise beigetragen und war deshalb auch nicht an der Schaffung der durch die versehentliche Gutschrift entstandenen Gefahrenlage beteiligt. Er hatte diese lediglich durch seine Überweisungen später ausgenutzt.

2. Des Weiteren könnte eine **Aufklärungspflicht** aus den allgemeinen Grundsätzen von **Treu und Glauben (§ 242 BGB)** hergeleitet werden.

Derartige Aufklärungspflichten setzen nach einhelliger Einsicht als Grundlage ein besonderes Vertrauensverhältnis zwischen den handelnden Personen voraus. Es werden besondere Umstände im zwischenmenschlichen Bereich gefordert, aufgrund derer sich ein entsprechendes Aufklärungsverhalten des Leistungsempfängers gleichsam aufdrängt.

Davon kann angesichts des Massengeschäftes zwischen Bank und Kunden keine Rede sein.

3. Des Weiteren könnte **aus der Höhe des drohenden Schadens** für sich gesehen eine **Offenbarungspflicht** abzuleiten sein. Hierbei bliebe aber unberücksichtigt, dass der Schadensfaktor sich auf die Eigenart der zu beurteilenden Rechtsbeziehung zwischen den handelnden Parteien in der Regel nicht auswirkt. Im Übrigen ist das Verschweigen einer zur Selbstschädigung des anderen führenden Tatsache vom Grunde her gleich strafwürdig, ob der Schaden groß oder gering ist. Überdies wäre zu bedenken, dass eine Abgrenzung der Garantenpflicht nach der Höhe des drohenden Schadens im Hinblick auf das Bestimmtheitserfordernis des Art. 103 Abs. 2 GG nur schwer zu konkretisieren wäre.

4. Schließlich könnte sich die **Garantenstellung aus dem Vertrag** zwischen Bank und Kunden ergeben.

Nach überwiegender Ansicht[64] reichen vertragliche Beziehungen alleine hierfür nicht aus, hinzutreten muss ein durch das Vertragsverhältnis ver-

---

64 Fischer § 263 Rn. 47.

mitteltes besonderes Vertrauensverhältnis. Die Rechtsbeziehungen der Bank zu ihrem Kontoinhaber regeln §§ 676 ff. BGB. Danach besteht für den Kunden aus dem Girovertrag die Hauptpflicht zur Zahlung des für die Kontoführung vereinbarten Entgelts. Im Gegenzug ist die Bank verpflichtet, im Rahmen der Kontoführung die Abwicklung der Gut- und Lastschriften auf dem Girokonto vorzunehmen. Hierin erschöpfen sich allerdings die vertraglichen Beziehungen in einem gewöhnlichen Leistungsaustauschverhältnis. Deshalb wird nach zutreffender Ansicht durch die bloße Unterhaltung eines Girokontos keine Garantenstellung begründende Vertrauensbeziehung geschaffen.

Daher ist A nicht wegen Betruges durch Unterlassen gemäß §§ 263 Abs. 1, 13 strafbar.

Dann liegt auch keine Vermögensbetreuungspflicht i.S.d. § 266 vor, die eine spezifische Garantenstellung für das Vermögen bildet.

III. Schließlich könnte der A einen **Betrug** gemäß **§ 263 Abs. 1** dadurch begangen haben, dass er sich insgesamt 2.000 € in bar auszahlen ließ.

1. Soweit der A die Frage des Bankkassierers nach den großen Scheinen mit einem „Ja" beantwortete, stellt diese Äußerung keine **Täuschung über Tatsachen** dar. Angesichts einer erwarteten Barauszahlung i.H.v. 1.000 € stellt die bejahende Antwort nach großen Scheinen keine Täuschung über Tatsachen dar, da der A die Auszahlung der erwarteten Summe eben in großen Scheinen annehmen wollte.

2. Fraglich ist, ob die bloße **Entgegennahme** des Geldes zugleich eine **schlüssige Erklärung** darüber enthält, dass die angenommene Leistung vom anderen geschuldet sei.

Nach der Verkehrsanschauung ist jedoch in der bloßen Entgegennahme einer Leistung nicht zugleich die Erklärung des Geschuldetseins enthalten. Es gehört grundsätzlich in den Risikobereich des Leistenden, dass die Schuld überhaupt besteht und die erbrachte Leistung den Anspruch nicht übersteigt. Deshalb erfüllt die Annahme zuviel gezahlten (auch Wechsel-)Geldes nicht den Betrugstatbestand.

So verhält es sich in der Regel bei Entgegennahme zuviel geleisteten Wechselgeldes!

3. Gleichfalls war der A nicht verpflichtet, nach den **Grundsätzen des § 13 Abs. 1** den vorhandenen Irrtum des Kassierers aufzuklären. Weder bestanden zwischen ihm und dem Kassierer bzw. der Bank derartig starke zwischenmenschliche Beziehungen, die rechtliche und nicht mehr bloß sittliche Pflichten zur Offenlegung der tatsächlichen Verhältnisse auslösten, noch begründete das Vertragsverhältnis zur Bank diese besondere Rücksichtnahme.

IV. A könnte durch Behalten und späteres Ausgeben des Geldes eine **Unterschlagung** gemäß **§ 246 Abs. 1** begangen haben.

Dann müsste er sich eine fremde bewegliche Sache rechtswidrig zugeeignet haben.

Mit der Auszahlung des Bargeldes an ihn erfolgte jedoch eine Übereignung der Geldscheine gemäß § 929 S. 1 BGB. Der Kassierer einigte sich im Namen der Bank mit dem A über die Übereignung der Geldscheine und übergab sie anschließend. Ein entsprechender Irrtum des Kassierers ist für die von ihm abgegebene Willenserklärung bedeutungslos.

§§ 119, 123 BGB scheiden offensichtlich aus!

Ergebnis: A ist straflos.

Fall 16: Sammelgaragen-Fall
(BGH, Urt. v. 16.01.1963 – 2 StR 591/62, BGHSt 18, 221)

X und W unterhielten eine Liebesbeziehung. Die W hatte ihr Fahrzeug in einer mehrgeschossigen Sammelgarage untergestellt. In dieser Garage wurde für jeden untergestellten Wagen ein Zündschlüssel beim Pförtner (P) hinterlegt und dort an einem Schlüsselbrett aufbewahrt. Den zweiten Schlüssel behielten die Fahrzeughalter. Die Verfügungsberechtigten bekamen jedoch von der Garagenverwaltung auf Verlangen die dortigen Schlüssel ausgehändigt. Der X holte einmal den Wagen mit dem Sohn seiner Freundin nach deren vorangegangener telefonischer Genehmigung aus der Garage zu einer Fahrt ab. Dies wiederholte er in etwa sechs bis acht Fällen allein; am Morgen des 20. Mai, während der Nachtschicht des Pförtnerdienstes, sprach der X wieder in der Sammelgarage vor und holte in der Absicht, nicht zurückzukehren, ohne Wissen und Genehmigung der W deren Wagen ab, der ihm auch ausgehändigt wurde. Der Wagen wurde erst sechs Monate später sichergestellt.

Strafbarkeit des X? Erforderliche Strafanträge sind gestellt.

Schon im Einleitungssatz ist deutlich zu machen, zu wessen Lasten der Betrug geprüft wird.

I. X könnte einen **Betrug** gemäß **§ 263 Abs. 1** gegenüber P und zulasten der W begangen haben, als er sich das Fahrzeug von P in der Absicht aushändigen ließ, nicht damit zurückzukehren.

1. Dann müsste er **über Tatsachen getäuscht** haben.

a) Ausdrückliche Erklärungen gab der X bei Abholung des Fahrzeugs nicht ab, insbesondere wurde er nicht ausdrücklich nach seiner etwaigen Berechtigung gefragt.

Stets genauen Erklärungswert ermitteln!

b) Allerdings könnte er den P konkludent getäuscht haben. Dann müsste seinem äußeren Verhalten ein entsprechender typischerweise enthaltener Erklärungswert innewohnen.

Aufgrund seiner vorherigen Nutzungen mit dem Fahrzeug erklärte der X auch am 20. Mai, dass die Genehmigung der W immer noch vorläge. Mithin spiegelte X wahrheitswidrig mit seinem Verhalten vor, zur Benutzung des Fahrzeugs der W berechtigt zu sein.

2. Der P erlag durch dieses Verhalten des X auch einem entsprechenden **Irrtum**, da er an die Berechtigung des X bei dieser Fahrt glaubte.

3. Durch diesen Irrtum müsste es in der Person des P zu einer **unmittelbar vermögensmindernden Verfügung** gekommen sein. Verfügung ist jedes Tun, Dulden oder Unterlassen, das unmittelbar vermögensmindernd ist.

a) P verfügte nicht über eigenes Vermögen, als er das Fahrzeug dem X überließ.

b) Möglicherweise hat der P aber über das Vermögen der W verfügt, als er dem X die Fahrzeugschlüssel aushändigte und duldete, dass dieser mit dem Fahrzeug davonfuhr.

Notwendigerweise müssen beim Betrug Irrender und Verfügender identisch sein, nicht dagegen Verfügender und Geschädigter. Unter bestimmten Voraussetzungen kann der Getäuschte durchaus zulasten eines Drittvermögens verfügen – Dreiecksbetrug. Insbesondere bei der Herausgabe von Gegenständen ist zu klären, ob der Getäuschte und Verfügende mit seinem Verhalten als verlängerter Arm des Täters handelt – dann unter Umständen Diebstahl in mittelbarer Täterschaft – oder ob er aus seiner Position heraus mehr für den Vermögensträger – dann Dreiecksbetrug- tätig wird. Es geht darum, einen Maßstab für eine Zurechnungs- bzw. Betrugseinheit zu finden. Wann muss sich der Geschädigte das Verhalten der verfügenden Person wie eigenes Verhalten zurechnen lassen?

aa) Eine derartige Zurechnung des Handelns durch einen Dritten zulasten des Vermögensträgers erfolgt in jedem Fall, wenn der Getäuschte aufgrund Gesetzes, behördlichen Auftrags oder Rechtgeschäfts zur Vermögensverfügung zulasten des Drittvermögens ermächtigt ist.

bb) In den darüber hinausgehenden Fällen muss zwischen dem Verfügendem und dem Drittvermögen eine Nähebeziehung vorliegen, deren Voraussetzungen unterschiedlich beurteilt werden.

Tatsächliches Näheverhältnis: Was kann er?

So verlangt die überwiegende Ansicht,[65] dass der Verfügende tatsächlich im Lager des Vermögensinhabers stehe (Lagertheorie) oder ein sonstiges faktisches Näheverhältnis zum geschädigten Drittvermögen aufweist.

Rechtliches Näheverhältnis: Was darf er?

Demgegenüber reicht nach einer anderen Ansicht[66] die rein faktische Möglichkeit, auf das Vermögen eines Dritten zuzugreifen, nicht aus. Vielmehr setze die Nähebeziehung voraus, dass der Verfügende ausdrücklich oder stillschweigend zur Verfügung ermächtigt war (Befugnistheorie).

Nach beiden Maßstäben ist vorliegend der W das Handeln des P zuzurechnen. Er stand faktisch im Lager der W als durch sie eingesetzter Gewahrsamshüter, zum anderen war er durch entsprechende Handhabung in der Vergangenheit und Duldung der W ermächtigt, bis zum Widerruf dem X das Fahrzeug auszuhändigen.

Mithin ist von einer Verfügung durch P zulasten des Vermögens der W auszugehen.

4. Durch die Herausgabe des Fahrzeugs ist der W ein **Vermögensschaden** entstanden. Sie verlor die Sachherrschaft am Fahrzeug, ohne zugleich einen Ausgleich für diese Vermögenseinbuße zu erhalten.

5. Der X handelte mit **Vorsatz** und der Absicht, sich einen (zivilrechtlichen) rechtswidrigen Vermögensvorteil zu verschaffen.

6. Der X handelte **rechtswidrig** und **schuldhaft**.

X ist strafbar gemäß § 263 Abs. 1.

II. Des Weiteren könnte der X sich strafbar gemacht haben gemäß **§ 248 b Abs. 1**, als er das Fahrzeug der W abholte und damit wegfuhr.

Mit dem Abholen und Fortfahren des Fahrzeugs nahm der X gegen den Willen der Berechtigten, hier der W, das Fahrzeug in Gebrauch. Da X sich mit diesem Verhalten aber bereits nach § 263 Abs. 1 strafbar gemacht hat, tritt der Normverstoß des § 248 b wegen der in Abs. 1 bestimmten formellen Subsidiarität zurück.

---

65 BGH, Urt. v. 16.01.1963 – 2 StR 591/62, BGHSt 18, 221; Jäger Examensrepetitorium BT Rn. 343; Wessels/Hillenkamp BT 2 Rn. 645.

66 Samson JA 1978, 564.

Stichwort: „Umkehrung der formellen Subsidiarität"

III. Des Weiteren könnte der X einen **Diebstahl** gemäß **§ 242 Abs. 1** an dem verbrauchten Benzin im Kraftfahrzeug begangen haben.

Die überwiegende Ansicht[67] verneint bereits das Vorliegen des Tatbestandes des § 242 Abs. 1 – sei es mit der Begründung, dass der Verbrauch des Benzins von § 248 b Abs. 1 miterfasst sei, sei es mit dem Hinweis, dass das Benzin keine selbstständige fremde Sache, sondern Bestandteil des weggenommenen Fahrzeugs sei. Nach anderen Ansichten[68] tritt jedenfalls der möglicherweise mitverwirklichte § 242 Abs. 1 im Wege der Gesetzeskonkurrenz hinter dem tatbestandsmäßig gegebenen § 248 b Abs. 1 zurück.

Meines Erachtens bedarf es noch nicht einmal der Prüfung dieses Deliktes.

Da nach einhelliger Ansicht jedenfalls ein Diebstahl am verbrauchten Benzin ausscheidet, bedarf es keiner weiteren Entscheidung der unterschiedlichen Ansichten.

Ergebnis: X hat einen Betrug gegenüber P zulasten der W gemäß § 263 Abs. 1 begangen.

67 Hoyer in SK-StGB § 248b Rn. 18.

68 Fischer § 248b Rn. 11.

Fall 17: (Provisionsvertreter-)Betrug

(OLG Düsseldorf, Urt. v. 06.03.1990 – 5 Ss 449/89 I, NJW 1990, 2397)

Z war als Zeitschriftenwerber tätig. Er veranlasste die L, ein Abonnement einer Zeitschrift zu bestellen, deren Bezug sie schon länger wünschte. Um ihr den Bezug dieser Zeitschrift „schmackhaft zu machen", erklärte Z wahrheitswidrig, er habe eine karitative Organisation gegründet, die sich um die Betreuung älterer Menschen kümmere. Die durch das Abonnement der Zeitschriften fällig werdenden Provisionen kämen dieser Vereinigung zugute. L, die weniger an einem Dauerabonnement dieser Zeitschrift interessiert war, sondern in erster Linie ein soziales Werk tun wollte, verpflichtete sich daraufhin schriftlich zu einem 2-Jahres-Bezug der Zeitschrift. Sie zahlte zwei Monatsbeiträge und erkannte nun, dass der Z die Zeitschrift nicht aus sozialer Motivation vertrieb, sondern um selbst die Provision zu erhalten. Sie kündigte den Vertrag gegenüber dem Verlag, der die Kündigung sofort akzeptierte. Z hatte in Ansehung dieses Vertrages 70 € Provision erhalten.

Strafbarkeit des Z? Die Einhaltung zivilrechtlicher Verbraucherschutzvorschriften ist zu unterstellen.

I. Z könnte einen **Betrug** gemäß **§ 263 Abs. 1** gegenüber und zum Nachteil der L begangen haben, als er diese unter Hinweis auf sein soziales Engagement zum Abschluss des Vertrages veranlasste.

Im Obersatz benennen, zu wessen Lasten der Betrug geprüft wird.

1. Dann müsste Z die L **über Tatsachen getäuscht** haben.

Dieses ist geschehen. Der Z erklärte der L wahrheitswidrig, dass fällig werdende Provisionen der von ihm gegründeten sozialen Vereinigung zugute kämen.

2. Die L befand sich hierüber in einem **Irrtum**.

3. L müsste weiter über ihr **Vermögen verfügt** haben.

Dieses tat sie tatsächlich in zweierlei Hinsicht. Zum einen verpflichtete sie sich schriftlich in einem 2-Jahres-Vertrag zum Bezug der Zeitschrift. Hierin wird nach überwiegender Ansicht[69] die Begehung eines sogenannten Eingehungsbetruges erblickt, da die L durch Eingehen der vertraglichen Verpflichtung, zukünftig monatliche Raten zu leisten, eine Minderung ihres Vermögens unmittelbar herbeigeführt hat. Zum anderen verfügte die L aber auch dadurch real über ihr Vermögen, dass sie bereits zwei Monatsbeträge Abonnementskosten an den Verlag überwies.

Eingehungs- und Erfüllungsphasen können zusammengefasst werden.

4. Hierdurch müsste die L einen **Vermögensschaden** erlitten haben.

Unter dem Begriff „Vermögen" wird nach überwiegender Ansicht die Summe der geldwerten Güter einer Person nach Abzug der Verbindlichkeiten verstanden.

Voraussetzung für eine Vermögensschädigung ist eine Minderung des Vermögens in seinem Wert. Ein Vermögensschaden nach § 263 Abs. 1 liegt re-

69 Fischer § 263 Rn. 176.

gelmäßig vor, wenn bei einem Vergleich zwischen dem Wert des Vermögens vor und nach der Vermögensverfügung der Gesamtsaldo zulasten des Geschädigten ausfällt.

a) Grundsätzlich ist ein Vermögensschaden abzulehnen, wenn bei einem Eingehungs- bzw. Erfüllungsbetrug die aus dem Vermögen abgeflossene Leistung und die dem Vermögen zugeflossene Gegenleistung wirtschaftlich ausgewogen sind. Hier entsprachen die monatlich erbrachten bzw. zukünftig zu erbringenden monatlichen Leistungen der Höhe nach dem Wert der empfangenen Gegenleistung, die Zeitschriften wurden durch Z keinesfalls überteuert an die L verkauft.

b) Dennoch schließt die objektive Gleichwertigkeit von Leistung und Gegenleistung einen Vermögensschaden nicht in jedem Fall aus. Bei einem Vergleich der beiderseitigen Verpflichtung ist nämlich zu berücksichtigen, dass ein Vermögensgegenstand nicht für jeden den gleichen Wert haben muss. Insofern könnte es angezeigt sein, bei der konkreten Schadensermittlung die Person des Vermögensträgers mit seinem weiteren Umfeld bzw. seinen verfolgten Zielen und Zwecken zu berücksichtigen.

aa) So wird trotz wirtschaftlicher Ausgewogenheit von Leistung und Gegenleistung ein Vermögensschaden angenommen, wenn ein sogenannter „persönlicher Schadenseinschlag" anzunehmen ist. Dieser kann vorliegen, wenn der Vermögensträger für die empfangene Gegenleistung individuell keine Verwendungsmöglichkeit hat (Beispiel: Melkmaschinenfall); gleichfalls wird dieser persönliche Schadenseinschlag anzunehmen sein, wenn der Vermögensträger durch das betrügerisch zustande gekommene Geschäft zu anderen, weiteren vermögensnachteiligen Maßnahmen (Beispiel: hohe Kreditaufnahme) gezwungen wird; aber auch dann liegt ein individueller Schaden vor, wenn dem Vermögensträger durch das betrügerische Geschäft die vorhandenen wirtschaftlichen Mittel derartig entzogen werden, dass eine normale Lebensführung kaum noch möglich ist (Lexikonbestellung durch Sozialhilfeempfänger).

Ein derartig persönlicher Schadenseinschlag ist in Ansehung der L als Vermögensträgerin vorliegend abzulehnen. Eine individuelle Verwendungsmöglichkeit der Zeitschrift hatte sie durchaus, wirtschaftliche Not durch weitere vermögensnachteilige Maßnahmen oder Entzug wirtschaftlicher Mittel hatte sie nicht zu befürchten.

bb) Schließlich könnte in dem vereitelten sozialen Zweckbezug ein persönlicher Schadensfaktor liegen.

Teilweise wird die Annahme eines Vermögensschadens trotz Ausgewogenheit und Gegenleistung in den Fällen erörtert, in denen der Vermögensträger mit seiner bewusst vorgenommenen Vermögensminderung zusätzlich einen weiteren Zweck, hier insbesondere im sozialen Bereich, verfolgte (sogenannte Zweckverfehlung). Danach ist auch in den Fällen ein Vermögensschaden anzunehmen, in denen der Vermögensträger für seine erbrachten Leistungen eine Gegenleistung zu erwarten hat, die sich aus zwei Elementen zusammensetzt: Zum einen eine wirtschaftlich reale Gegenleistung, zum anderen das Erreichen eines weitergehenden sozialen Zwecks (karitative Unterstützung). Das Erreichen dieses karitativen Zwecks stellt dann nicht nur einen bloßen Motivirrtum für die erbrachte Leistung dar, sondern ist vielmehr mitbestimmender Hauptbestandteil im gegenseitigen Austauschverhältnis des begründeten Verhältnisses i.S.v. Leistung und Gegenleistung. Danach läge ein Betrug vor.

Nach einer anderen Ansicht[70] haben derartig karitative Zweckbestimmungen jedenfalls dann außer Betracht zu bleiben, wenn der Vermögensträger für seine Leistung eine wirtschaftlich ausgewogene Gegenleistung erhält. Der karitative Zweck stehe dann nicht im Gegenseitigkeitsverhältnis von Leistung und Gegenleistung. Ein bloßer Motivirrtum beeinträchtigt nur die Dispositionsfreiheit. Etwas anderes mag dann gelten, wenn der einzige Zweckbezug in einer karitativen Unterstützung läge. Nach dieser Ansicht wäre ein Betrug abzulehnen.

Der ablehnenden Ansicht ist zuzugeben, dass § 263 das Vermögen schlechthin vor einem Ärmerwerden schützt, nicht dagegen die Motivlage, warum entsprechende Verfügungen getroffen werden. Allerdings kann nicht unberücksichtigt bleiben, dass – wie vorliegend – die Verfolgung eines karitativen Zwecks unmittelbarer Vertragsbestandteil war, um dessen Erfüllung die L als Bestellerin auch wirtschaftlich „geprellt" wurde.[71] Da Z keineswegs die Provision an karitative Zwecke abführte, war das Vermögen der L individuell in dieser Höhe geschädigt.

c) Ein Vermögensschaden entfällt vorliegend auch nicht deshalb, weil auf die bloße Beanstandung der L das Abonnement storniert wurde. Abgesehen davon, dass beim Eingehungsbetrug nach überwiegender Ansicht die Vollendung bereits zum Zeitpunkt des Vertragsschlusses anzunehmen ist, hat L bereits zwei Monatsraten an den Verlag entrichtet. Selbst bei – nicht fallrelevanter – Erstattung gezahlter Monatsraten wäre der Betrug in seiner Vollendung noch zu bejahen, da die Erstattung betrügerisch erlangter Geldbeträge lediglich als nachträgliche Schadenswiedergutmachung im Rahmen individueller Strafzumessung zu bewerten ist.

5. Z handelte **vorsätzlich**.

6. Des Weiteren müsste Z in der **Absicht** gehandelt haben, sich oder einem Dritten einen **rechtswidrigen Vermögensvorteil zu verschaffen**. Zudem müsste dieser vom Täter erstrebte Vorteil **stoffgleich** sein. Der Vorteil muss unmittelbare Kehrseite des Schadens sein, er muss als unmittelbare Folge aus der täuschungsbedingten Verfügung des Opfers stammen.

a) Vorliegend erstrebte Z im Sinne eigentlicher Absicht den Erhalt der Provision nach Vertragsabschluss. Dieser von ihm erstrebte Vermögensvorteil stammte indes nicht unmittelbar aus dem Vermögen der L, sondern aus dem Vermögen des von ihm vertretenen Verlages. Dieser unmittelbare wirtschaftliche Vorteil, den er erstrebte, war mithin nicht deckungsgleich mit dem real eingetretenen Schaden bei L, es fehlte die Stoffgleichheit. Stoffgleichheit

b) Allerdings ist zu berücksichtigen, dass der Z erst eine Provisionszahlung erhalten hatte, nachdem er gegenüber dem Verlag einen äußerlich wirksam zustande gekommenen Vertragsabschluss über den Bezug einer Zeitschrift vorweisen konnte. Dieser Vertragsabschluss zugunsten des Verlages

70 Fischer § 263 Rn. 137 f.

71 So auch BGH, Beschl. v. 11.09.2003 – 5 StR 524/02, wistra 2003, 457 ff.; Wessels/Hillenkamp BT 2 Rn. 559 ff.

war für ihn zwingende Voraussetzung, um seinen Provisionsvorteil zu erhalten. Deswegen hatte der Z bei Abschluss des Vertrages zulasten der L die klare Zielvorstellung, einen entsprechenden Anspruch des Verlages gegen die L aus diesem Vertrag herbeizuführen, um somit die notwendige Voraussetzung seines Provisionsanspruchs gegen den Verlag zu schaffen.

Notwendiges Zwischenziel als dolus directus 1. Grades

Daher handelte Z nicht in ausschließlicher Absicht gerichtet auf einen Vermögensvorteil zu eigenen Gunsten aus dem Verlag, sondern gleichermaßen zielgerichtet auf das Verschaffen eines Vermögensvorteils zugunsten des Verlages, um überhaupt eigene Provisionen erhalten zu können. Nur mit Erreichen dieses notwendigen Zwischenziels konnte er sicher sein, die Provision zu erhalten. Damit ist eine drittbezogene Bereicherungsabsicht zu bejahen.

7. Der Z handelte **rechtswidrig** und **schuldhaft**.

Z hat sich wegen Betruges, § 263 Abs. 1, strafbar gemacht.

II. Z könnte einen **Betrug** gegenüber und zulasten des Verlages begangen haben, als er den durch L abgeschlossenen Vertrag zwecks Erhalts eigener Provision einreichte.

L täuschte den Verlag über das Zustandekommen des Vertrages, indem er diesen im Unklaren darüber ließ, dass der Vertragsabschluss mit Mitteln der Täuschung, mithin anfechtbar gemäß § 123 BGB, zustande gekommen war. Der Verlag verfügte irrtumsbedingt über eigenes Vermögen, als er die Provision an Z auskehrte. Z handelte insoweit auch mit Vorsatz und rechtswidriger Bereicherungsabsicht. Die Tat des Z war rechtswidrig und schuldhaft.

Ergebnis: Z ist strafbar wegen Betruges in zwei tatmehrheitlichen Fällen gemäß §§ 263 Abs. 1, 53.

Fall 18: Vermögensschaden bei vereinbartem Rücktrittsrecht
(BGH, Urt. v. 22.10.1986 – 3 StR 226/86, BGHSt 34, 199)

A organisierte Werbung und Vertrieb für Verjüngungs- und Abmagerungsmittel sowie für „Haarverdicker" und „Nichtraucherpillen", die insgesamt 1.000 Kunden bestellten. Wie er wusste, waren sämtliche Produkte ebenso wirkungslos wie harmlos. Er verkaufte sie zu Preisen zwischen 30 € bis 40 € „ohne jedes Risiko" per Nachnahme zzgl. Versandspesen mit „Rückgaberecht innerhalb von 14 Tagen mit voller Geld-zurück-Garantie". Aufgrund seiner Erfahrung ging er von einem Reklamationsanteil von höchstens 10% aller Bestellungen aus. Tatsächlich wurde dieser Prozentsatz sogar unterschritten. Zur Erledigung der Reklamationen sowie für die Werbeanzeigen hatte er stets ausreichend Barmittel zur Verfügung. Die Besteller hatten bei Reklamationen den vollen Kaufpreis zurückerhalten.

Strafbarkeit des A? Erforderliche Strafanträge sind gestellt.

A könnte sich wegen **Betruges** gemäß **§ 263 Abs. 1** gegenüber und zum Nachteil der Besteller strafbar gemacht haben, als er die wirkungslosen Mittel vertrieb.

1. A müsste **über Tatsachen getäuscht** haben.

Tatsache oder (anpreisendes) Werturteil?

Hierfür ist erforderlich, dass die abgegebene Erklärung einen Tatsachenkern enthält. Insbesondere bei erkennbaren Anpreisungen im Rahmen einer Werbeaktion werden häufig offensichtlich überzogene und einseitig positive Aussagen über ein Produkt vorgenommen, die mehr den Anforderungen eines persönlichen Werturteils, als der Nachprüfung zugängliche Tatsachen enthalten. Vorliegend beinhaltete die Anpreisung diesen notwendigen Tatsachenkern, da sie zugleich die Erklärung enthielt, dass die Mittel zur Verjüngung, Abmagerung, Haarverdickung bzw. zum Nichtraucherstatus führen. Damit hat A die Grenze des bloß persönlichen Werturteils überschritten.

2. Durch die Täuschung über die Wirksamkeit der zwar harmlosen, aber auch wirkungslosen Präparate erregte der A bei den jeweiligen Bestellern einen **Irrtum**, weil diese glaubten, die Präparate hätten im Kern die versprochene – wenn auch vielleicht übertrieben geschilderte – Wirkung, zumal der Verkauf noch mit einer „Geld-zurück-Garantie" beworben wurde.

Dass die Besteller bei hinreichend sorgfältiger Prüfung die Täuschung hätten erkennen können, also besonders leichtgläubig waren, ändert an der tatsächlichen Fehlvorstellung nichts. Für eine Beschränkung des Betruges auf „durchschnittliche Kunden" ist aus Gründen des Opferschutzes kein Raum.

3. Durch diesen Irrtum **verfügten** die Besteller **über ihr Vermögen**, indem sie die Waren bestellten und das Geld für die Nachnahmesendung aushändigten.

4. Des Weiteren müssten die Besteller einen **Vermögensschaden** erlitten haben.

Angesichts getätigter Zahlungen für das wirkungslose Mittel erlitten die jeweiligen Vermögen der Besteller eine wirtschaftliche Einbuße, wurden mithin ärmer.

Allerdings könnte hier beachtlich sein, dass den jeweiligen Bestellern ein Rücktrittsrecht im Sinne einer „Geld-zurück-Garantie" eingeräumt war.

a) Bei einem Eingehungsbetrug, dessen Vollendung nach überwiegender Ansicht schon in der Eingehung einer jeweiligen Verbindlichkeit gesehen wird, können zivilrechtliche Gegenrechte nicht völlig außer Betracht bleiben. So verschiebt ein bestehendes zivilrechtliches Widerrufsrecht, sich nämlich einseitig vom geschlossenen Vertrag lösen zu können, den Zeitpunkt der betrugsrelevanten Vollendung bis zum Ablauf des Widerrufsrechts.[72] Dagegen haben Anfechtungsmöglichkeiten (§§ 123, 119 BGB) oder eine tatsächliche Stornierungsbereitschaft des Vertragspartners keinerlei Auswirkung auf die angenommene Vollendung, da die Lösung des Vertrages letztlich einhergeht mit Prozessrisiken, die der Geschädigte nicht zu tragen hat.

Vorliegend war indes der Zeitpunkt des Eingehungsbetruges überschritten, da die jeweiligen Besteller gegen Nachnahme den zunächst geschuldeten Kaufpreis bereits entrichtet hatten.

b) Fraglich könnte allerdings sein, ob angesichts der vertraglich zugesicherten „Geld-zurück-Garantie" und hiermit verbundener wirtschaftlicher Positionen der jeweiligen Besteller ein Schaden angenommen werden kann.

Nach wirtschaftlicher Betrachtung verbleibt es bei dem eingetretenen Schaden. In dem hier zu beurteilenden Fall des Verkaufs von „Wundermitteln" ist und bleibt nach objektiv-wirtschaftlicher Betrachtung das Vermögen der Getäuschten um den Kaufpreis vermindert, ohne dass die Getäuschten ein entsprechendes Äquivalent als Ausgleich erhalten hätten. Auch das zugesagte Rücktrittsrecht mit der Geld-zurück-Garantie gleicht diese Vermögensminderung wirtschaftlich nicht vollwertig aus. Bezogen auf die Gesamtheit aller Geschäfte, die allesamt wegen der Wirkungslosigkeit der Präparate rückabwicklungsfähig waren, konnte diese Zusage wirtschaftlich nicht werthaltig sein, da angesichts der Vielzahl der vom Verkäufer getätigten Zusagen die Rückabwicklung mit ihrer wirtschaftlichen Bedienbarkeit völlig unsicher war. Diese Unsicherheit der Opfer, ob und ggf. wie ein Rücktrittsrecht überhaupt ausgeübt werden kann, wenn das Präparat teilweise oder – um die erwünschte Wirkung herbeizuführen – gar ganz verbraucht wurde, macht das zugesagte Recht der Rückabwicklung mit der verbundenen Geld-zurück-Garantie wirtschaftlich wertlos.

Mithin sind alle Besteller in ihrem Vermögen geschädigt worden.

5. Der A handelte **vorsätzlich** und in der Absicht, sich zu Unrecht zu bereichern.

6. Die Taten des A waren **rechtswidrig** und **schuldhaft**.

Ergebnis: Der A ist wegen tatmehrheitlichen Betruges in 1.000 Fällen strafbar, §§ 263, 53.

---

72 Fischer § 263 Rn. 176a.

Fall 19: Vermögensschutz bei verbotenen Rechtsgeschäften
(KG, Urt. v. 28.09.2000 – (4) 1 Ss 44/00, NJW 2001, 86)

Um vorzeitig an ihr Vermögen zu kommen, hatte E den Plan gefasst, seine Ehefrau F durch einen gedungenen Mörder töten zu lassen, und suchte nun nach einer Person, die geeignet und bereit erschien, die Tat auszuführen. Er traf auf K, dem er 50.000 € zur Tötung der Ehefrau anbot. K ging zum Schein auf das Angebot des E ein und sagte zu, die Ehefrau am nächsten Wochenende zu töten. Einzelheiten der Tatausführung besprachen die beiden nicht. E vereinbarte mit K, dass der „Killerlohn" nach vollzogener Tat in bar ausgehändigt werden sollte. E hatte zu keinem Zeitpunkt vor, dem K Geld zu bezahlen. K verlangte für die Begehung der Auftragstötung einen Vorschuss von 1.000 €, die der E – notgedrungen – ohne weitergehende Zahlungsbereitschaft zahlte. Der K offenbarte sich der Polizei, daraufhin wurde E festgenommen.

Strafbarkeit von E und K?

A. Strafbarkeit des E

I. E könnte sich wegen **versuchter Anstiftung** zu einem **Totschlag** gemäß **§§ 212 Abs. 1, 30 Abs. 1** strafbar gemacht haben, indem er mit K das Angebot besprach.

§ 30 ist – wie §§ 22, 25, 26, 27 – stets mit einer BT-Norm zu prüfen!

1. E hatte den **Entschluss**, einen anderen, nämlich den K, zu bestimmen, dass dieser ein Verbrechen begeht. E wollte in K dessen Entschluss wecken, zulasten der Ehefrau des E einen Totschlag gemäß § 212 Abs. 1 zu begehen.

2. E hat zu der Anstiftung des K **unmittelbar angesetzt**.

3. E handelte **rechtswidrig** und **schuldhaft**.

E ist wegen versuchter Anstiftung zu einem Totschlag strafbar.

II. Des Weiteren ist der E wegen **versuchter Anstiftung zum Mord** gemäß **§§ 211, 30 Abs. 1** strafbar, da E den K zu einer Tötung aus Habgier – Tötung der F gegen Geld – bestimmen wollte. Er selbst handelte aus demselben Tötungsmotiv, sodass auch die Bestrafung seiner Teilnahme aus dem Mordstrafrahmen zu erfolgen hat, und zwar entweder über die Anwendung des § 28 Abs. 2 (Lit.) oder über die Versagung einer Strafmilderung nach § 28 Abs. 1 (BGH).

III. E könnte einen **versuchten Betrug** gemäß **§§ 263 Abs. 1, 2, 22** gegenüber und zulasten des K begangen haben, als er diesem die Zahlung eines Killerlohns in Aussicht stellte, den er tatsächlich aber nie zahlen wollte.

1. Ein vollendeter Betrug liegt nicht vor, da es zu einer weiteren Durchführung des in Aussicht genommenen Plans zu keinem Zeitpunkt gekommen ist. Die Strafbarkeit des versuchten Betruges folgt aus § 263 Abs. 2.

2. E müsste den **Tatentschluss** gehabt haben, alle objektiven und subjektiven Tatbestandsvoraussetzungen des Betruges zu verwirklichen.

a) Er hatte die Vorstellung, den K über die eigene Zahlungsbereitschaft zu täuschen, insoweit war auch ein entsprechender Irrtum in der Person des K beabsichtigt.

So offensichtlich: Deshalb ist die Prüfung eines „vollendeten" Eingehungsbetruges entbehrlich.

b) Fraglich ist, ob E sich vorstellte, eine betrugsspezifische Vermögensverfügung in der Person des K auszulösen und so bei ihm einen Vermögensschaden zu bewirken.

Soweit der E die Vorstellung hatte, mit K einen Vertrag über den Auftragsmord an seiner Ehefrau abzuschließen, er mithin glaubte, K würde sich zu einer entsprechenden „Verbindlichkeit" verpflichten, stellte dieser vorgestellte Vertragsabschluss angesichts greifbarer Sittenwidrigkeit gemäß §§ 134, 138 BGB keine Vermögensverfügung dar.

Allerdings stellte sich der E vor, K werde ihm gegenüber eine tatsächliche „Dienstleistung" erbringen, indem jener die F töten werde.

Der Streit um den Vermögensbegriff lässt sich an mehreren Stellen im Aufbau führen. Es geht eigentlich um den Schutzbereich des § 263.

Im Strafrecht ist anerkannt, dass der Arbeitsleistung eines Menschen Vermögenswert zukommt, soweit sie im Austausch gegen Entgelt erbracht wird. Verfügungsgegenstände können durchaus geldwerte Arbeitsleistungen sein. Zu beachten ist, dass die in Aussicht gestellte Arbeitsleistung des K in der Auftragstötung der Ehefrau des E liegen sollte.

Ob derartige Arbeitsleistungen strafrechtlichen Vermögensschutz genießen, wird unterschiedlich beurteilt.

aa) Der wirtschaftliche Vermögensbegriff[73] schützt alle geldwerten Positionen, die in der Wirtschaftsordnung einen wirtschaftlichen Wert haben. Vermögen ist die Summe aller geldwerten Leistungen. Die zivilrechtlichen Wertungen ändert demnach nichts an einem wirtschaftlichen Wert des jeweiligen Gutes, sondern können es allenfalls – wie etwa bei Hehlerware deutlich wird – weniger wert erscheinen lassen. Nach dieser Auffassung hat sogar die Arbeitskraft eines Lohnmörders Vermögenswert, da es auch dafür einen illegalen Markt gibt.

bb) Der sogenannte juristisch-ökonomische Vermögensbegriff[74] grenzt all jene Vermögenspositionen aus dem strafrechtlich-wirtschaftlichen Schutz aus, die „juristisch" (gemeint: zivilrechtlich!) zu missbilligen sind bzw. keine zivilrechtliche Beständigkeit besitzen. Die Einheit der Rechtsordnung gebietet insoweit, dass das Strafrecht die zivilrechtlichen Wertungen beachtet. Danach hätte der K keinen Vermögensschaden erlitten, da seine „vertraglich" zugesicherte Arbeitsleistung verboten war – § 134 BGB.

cc) Was das Zivilrecht nicht als Vermögensposition schützt, verdient auch keinen strafrechtlichen Schutz. Die Einheit der Rechtsordnung streitet für den einschränkenden juristisch-ökonomischen Vermögensbegriff.

Daher hatte E keinen betrügerischen Tatenschluss, den K zur Vornahme einer Vermögensverfügung durch Ausführung der Auftragstötung zu veranlassen.

Konkurrenzen und Ergebnis für E: E ist wegen versuchter Anstiftung zum Totschlag gemäß §§ 212 Abs. 1, 30 Abs. 1 sowie wegen versuchter Anstiftung zum Mord gemäß §§ 211, 30 Abs. 1 strafbar. Die versuchte Anstiftung zum Mord verdrängt die versuchte Anstiftung zum Totschlag, sodass E letztlich aus §§ 211, 30 Abs. 1 strafbar ist.

---

73 Kretschmer StraFo 2009, 189; Krey/Hellmann/Heinrich BT 2 Rn. 618, 621.

74 Fischer § 263 Rn. 90; Wessels/Hillenkamp BT 2 Rn. 534 ff.

B. Strafbarkeit des K

I. K könnte sich gemäß **§§ 212 Abs. 1, 30 Abs. 2** strafbar gemacht haben, als er gegenüber dem E erklärte, er werde die F töten.

1. Dann müsste sich K dazu bereit erklärt haben, ein Verbrechen zu begehen.

a) Die Tötung der Ehefrau des E wäre als verwirklichter Totschlag gemäß § 212 Abs. 1 mit der Strafandrohung nicht unter fünf Jahren Freiheitsstrafe ein Verbrechen i.S.v. § 12 Abs. 1.

b) Hierzu müsste sich der K bereit erklärt haben.

Darunter ist die Erklärung, ein bestimmtes Verbrechen begehen zu wollen, zu verstehen. Allerdings muss die Erklärung vom Handelnden ernst gemeint sein.

Hieran fehlt es vorliegend, da K von Beginn an nicht vorhatte, die Tat auszuführen.

Eine Bestrafung des K gemäß § 212 Abs. 1, 30 Abs. 2 scheidet mithin aus.

II. Des Weiteren könnte sich K wegen eines **Betruges** zulasten des E gemäß **§ 263 Abs. 1** strafbar gemacht haben, als er diesem 1.000 € Anzahlung für die in Aussicht gestellte Auftragstötung abnahm.

1. K täuschte den E über seine Bereitschaft, die Tötung durchzuführen. Dadurch entstand in E ein entsprechender Irrtum, der ihn veranlasste, eine Vermögensverfügung i.H.v. 1.000 € zu treffen, indem er diesen Betrag an K auszahlte.

Fraglich ist, ob der E in Höhe dieser 1.000 € einen Vermögensschaden erlitten hat.

a) Im Rahmen des juristisch-ökonomischen Vermögensbegriffes ist ein derartiger Schaden abzulehnen, da der Tatbestand des Betruges einen Eingriff in das rechtlich geschützte Vermögen voraussetzt.[76] Das ist aber nicht erfüllt, wenn der Getäuschte zu der tatsächlich sein Vermögen mindernden Aufwendung durch die Vorspiegelung einer Gegenleistung bestimmt worden ist, die eine unsittliche oder unerlaubte Handlung ausmachen würde. Der Staat kann die Verletzung solcher Verträge, denen er überhaupt die rechtliche Anerkennung versagt, nicht strafrechtlich ahnden. Insbesondere unter dem Gesichtspunkt der Einheit der Rechtsordnung käme es andernfalls zu unauflösbaren Wertungswidersprüchen.

Beachte den Unterschied: Bei dem Betrugsversuch zulasten des E ging es darum, ob dessen Arbeitskraft überhaupt Vermögenswert besitzt.
Bei dem Betrug zulasten des E geht es um die Frage, ob Vermögen allein durch den Einsatz zu verbotenen Zwecken zu „Nichtvermögen" werden kann.
Auf dem Boden der jur.-ökon. Sichtweise wird aber auch ein anderes Ergebnis vertreten.[75]

Nach dieser Ansicht hat der E keinen Vermögensschaden erlitten, er hat gleichsam auf „eigene Gefahr" in Kenntnis bestehender Sittenwidrigkeit geleistet.

b) Zu einem anderen Ergebnis gelangt der wirtschaftliche Vermögensbegriff. Danach ist vorliegend das Vermögen des E um 1.000 € geschmälert worden, ohne eine Gegenleistung erhalten zu haben. Ein Vermögensverlust kann nicht deshalb verneint werden, weil das Verlorene gemäß § 817 S. 2 BGB nicht im Rechtswege zurückverlangt werden kann. Im Gegenteil muss derjenige, der nicht die Möglichkeit hat, nachträglich einen Ausgleich

75 Wessels/Hillenkamp BT 2 Rn. 565 f.
76 Beulke Klausurenkurs im Strafrecht III Rn. 232.

seines Verlustes zu erreichen, erst recht als strafrechtlich geschädigt gelten. Im Übrigen sind die Unterschiede zwischen dem Privat- und dem Strafrecht daraus zu erklären, dass die Aufgaben der beiden Rechtsordnungen völlig verschiedenartig sind. Außerdem kann die Verfolgung verbotener Zwecke durch den Getäuschten kein Freibrief für den Schädiger sein, sich die Vermögenswerte, die der Getäuschte zu unerlaubten Zwecken riskiert, zu eigenem Nutzen zu verschaffen.

Nach dieser Ansicht liegt ein Vermögensschaden vor.

c) Wenn sich das Zivilrecht aus dem rechtlichen Schutz zurückzieht, da es eine Vereinbarung als sittenwidrig oder gar als rechtlich missbilligt ansieht (§§ 134, 138 BGB), muss auch der strafrechtliche Schutz versagen. Man kann nicht Betrug rufen, wenn man sich auf ein verbotenes Rechtsgeschäft eingelassen hat und enttäuscht wird. Jeder erbringt seine „Vermögensleistung" auf eigenes Risiko. Die Einheit der Rechtsordnung setzt sich durch.

E hat daher keinen Vermögensschaden erlitten.

Ergebnis für K: K ist nicht wegen Betruges strafbar.

Fall 20: Vermögensschaden bei objektivem Verkehrswert – „Plagiatsfelgen-Fall"

(BGH, Urt. v. 27.06.2012 – 2 StR 79/12, NStZ 2012, 629 = RÜ 11/2012, 708)

A handelte auf einer Online-Plattform mit Reifen und Felgen zum Komplettpreis. Er behauptete in der Artikelbeschreibung bewusst wahrheitswidrig, dass es sich um hochwertige Porsche-Originalfelgen handle. In Wirklichkeit bot er Plagiate an, auf die lediglich das Porscheemblem aufgebracht war. A hatte diese für 800 € pro Felgensatz in Italien erworben. Die Felgen, die keine Freigabe des Kraftfahrbundesamtes besaßen, waren außerdem von A mit einer falschen Prüfnummer versehen worden. In der Folge veräußerte A insgesamt 26 Felgensätze an gutgläubige Käufer für 1.000 €. Diesen Preis waren die Plagiatsfelgen objektiv auch wert, während Porsche-Originalfelgen 500 € mehr kosten würden. Im Übrigen war es sehr unwahrscheinlich, dass das Kraftfahrzeugbundesamt aufgrund der gefälschten Prüfnummer die Plagiatsfelgen zulassen würde.

Wie hat sich A nach dem StGB strafbar gemacht?

I. A könnte sich in 26 Fällen **wegen Betruges gemäß § 263 Abs. 1** durch Täuschung der Käufer zu deren Nachteil strafbar gemacht haben, indem er ihnen jeweils Plagiatsfelgen als Porschefelgen verkauft und geliefert hat.

Die Täuschung geschieht hier bereits bei Vertragsschluss als Eingehungsbetrug. Dieser bildet in der fortwirkenden Täuschung bei Vertragserfüllung als sog. unechter Erfüllungsbetrug eine wirtschaftliche Einheit.

1. Dadurch, dass A die verkauften und gelieferten Felgen als Porsche-Originalfelgen angepriesen hat, hat er bei dem jeweiligen Käufer eine Fehlvorstellung über deren Eigenschaft verursacht, sodass **Täuschung und Irrtum** vorliegen. Die **Vermögensverfügung** – jedes Tun, Dulden, Unterlassen, das unmittelbar vermögensmindernd ist – der Getäuschten war zum einen der Vertragsschluss und zum anderen die Bezahlung des Kaufpreises.

2. Fraglich ist, ob ein **betrugsrelevanter Vermögensschaden** gegeben ist. Die Käufer bezahlten 1.000 €. Sie erhielten dafür Plagiatsfelgen statt der gewünschten Porschefelgen. Diese Plagiatsfelgen waren jedoch objektiv 1.000 € wert, während die Porschefelgen 1.500 € wert waren.

a) Der Vermögensschaden ist nach dem **Prinzip der Gesamtsaldierung** anhand eines objektiv individualisierenden Beurteilungsmaßstabes unter Berücksichtigung einer unmittelbaren Schadenskompensation festzustellen.[77] Es ist zu klären, ob das Opfer nach der Vermögensverfügung ärmer als vor der Vermögensverfügung ist. Die verkauften und gelieferten Felgen waren als Plagiatsfelgen 1.000 € wert. Nach einer wirtschaftlichen Betrachtung entstand für die Käufer kein Vermögensschaden. Ein solcher lässt sich dagegen annehmen, wenn man darauf abstellt, dass A Porschefelgen schuldete – 1.500 € – und Plagiate – 1.000 € – lieferte.

b) A hat bei einem Kauf über Umstände getäuscht, die den Verkehrswert maßgeblich mitbestimmten. In diesem Fall erleidet ein Käufer nur dann einen Schaden, wenn die Sache objektiv den vereinbarten Preis nicht wert ist. Es ist in diesem Fall unerheblich, ob die gelieferte Sache von einem geringeren Wert ist als die vertraglich vereinbarte. Man spricht von einem sog. **unechten Erfüllungsbetrug**.[78] Verpflichtungs- und Erfüllungsge-

77 Jahn JuS 2013, 81; Wessels/Hillenkamp BT 2 Rn. 538.

78 Fischer § 263 Rn. 178; Jahn JuS 2013, 81, 83; Wessels/Hillenkamp BT 2 Rn 542.

schäft werden als Betrugseinheit gesehen, da die Täuschung bereits bei Vertragsschluss erfolgt und bei Vertragserfüllung fortwirkt. Für die Gesamtsaldierung sind in diesem Fall die beiden wertigen Ansprüche aus dem Verpflichtungsgeschäft gegenüberzustellen. Entspricht in diesem Fall der Preis dem Marktwert der gelieferten Sache, liegt ein ausgeglichenes Verpflichtungsgeschäft vor und es fehlt an einem Eingehungsschaden. **§ 263 schützt das Vermögen und nicht die Dispositionsfreiheit**. Die Käufer haben sich vorliegend ein günstiges Geschäft erhofft, Porschefelgen im Wert von 1.500 € für 1.000 €. Dieses gute Geschäft ist ihnen entgangen. Sie wurden nicht ärmer. Sie wurden nur nicht reicher.

c) Allein unter dem Aspekt, dass A mit dem Vertragsschluss Porschefelgen geschuldet hat, lässt sich ein wirtschaftlicher Vermögensschaden begründen, da er diesen mit minderwertigen Plagiatsfelgen erfüllt hätte. Diese Sichtweise widerspricht dem einheitlichen Betrugsgeschehen bei einem unechten Erfüllungsbetrug und ein solcher Anspruch auf die Porschefelgen war wegen des bei A von vornherein bestehenden Mangels an Erfüllungsbereitschaft und -fähigkeit wirtschaftlich nie Vermögensbestandteil bei den Käufern geworden.[79] Der bloße Nichteintritt einer erwarteten Vermögensmehrung ist eben nicht tatbestandsmäßig.

Der Vermögensschaden ist vorrangig nach wirtschaftlichen Umständen objektiv zu bewerten, die normative Erweiterung um einen persönlichen Schadenseinschlag ist restriktiv vorzunehmen.

d) Ein Vermögensschaden wird trotz objektiver Gleichwertigkeit in engen Grenzen **unter individualisierenden** Gesichtspunkten als **persönlicher Schadenseinschlag** angenommen, wenn der Käufer bei objektiver Betrachtung die angebotene Leistung nicht in vollem Umfang zu dem vertraglich vorausgesetzten Zweck oder in einer anderen zumutbaren Weise verwenden kann.[80]

Wenn es sich auch um einen genehmigungsfähigen Felgentyp gehandelt hat, so war es den Käufern aufgrund der gefälschten Prüfnummer kaum möglich, eine Zulassung vom Kraftfahrzeugbundesamt zu erhalten. Da die Plagiatsfelgen für die Käufer unbrauchbar waren, war ihnen trotz des wirtschaftlichen Wertausgleiches wegen der erwartbaren Unbrauchbarkeit als persönlicher Schadenseinschlag ein Vermögensschaden entstanden.

4. A handelte **vorsätzlich** und in **rechtswidriger Bereicherungsabsicht** und **rechtswidrig** und **schuldhaft**.

Die 26 verschiedenen Vertragsschlüsse stehen in Tatmehrheit. A hat sich in 26 Fällen wegen Betruges nach § 263 Abs. 1 strafbar gemacht.

II. Die gefälschte Prüfnummer auf den Felgen als Bezugsobjekt verkörpert die behördliche Gedankenerklärung der Zulassung für den Rechtsverkehr und lässt die Prüfstelle als scheinbaren Aussteller erkennen. Es liegt in dieser festen Verbindung ein Beweiszeichen[81] als **zusammengesetzte Urkunde** vor. Diese ist **unecht**, weil A tatsächlich Aussteller ist. A hat daher in 26 Fällen eine unechte Urkunde hergestellt und gebraucht. Herstellung und Gebrauch bilden ein einheitliches Urkundsdelikt gemäß **§ 267 Abs. 1**.

Ergebnis: A hat sich in 26 Fällen tateinheitlich des Betrugs und der Urkundenfälschung schuldig gemacht (§§ 263, 267, 52; 53).

---

79 Jahn JuS 2013, 81, 83.

80 BGH, Beschl. v. 16.08.1961 – 4 StR 166/61, BGHSt 16, 321 (Melkmaschinen-Fall); Hoffmann-Holland/Voigt BT Rn. 1038 f.

81 Fischer § 267 Rn. 5 ff.

Fall 21: Vermögensschaden trotz gutgläubigen Eigentumserwerbs
(BGH, Urt. v. 15.04.2015 – 1 StR 337/14, NStZ 2015, 514 = RÜ 9/2015, 584)

M, der eine Autovermietung betrieb, und X vereinbarten, einen an die Bank sicherungsübereigneten BMW in betrügerischer Absicht ins Ausland zu verkaufen. Das Fahrzeug sollte zuerst formal an einen Mittelsmann unter falschem Namen und mit gefälschten Papieren vermietet werden und anschließend von X unter Vorlage gefälschter Fahrzeugpapiere veräußert werden. Danach sollte M das Fahrzeug bei der Polizei als gestohlen melden und sodann zusammen mit X mittels GPS-Ortung unter Einschaltung der örtlichen Polizei zurückerlangen. Das Rückzahlungsbegehren des Erwerbers würde wegen der gefälschten Papiere ins Leere laufen. Über den formalen Mieter gelangte der Wagen zu X. Über ein Internetportal bot X den BMW zum Verkauf an. Es fand sich ein Käufer in Polen, der G. Veräußerung und Übergabe des Autos erfolgten zu einem Kaufpreis von 42.000 €. Dabei spiegelte X seine Eigentümerstellung vor, übernahm die Rolle des Verkäufers und Eigentümers und übergab den Wagen mit den gefälschten Papieren. G brachte den Wagen nach Polen. Jetzt veranlasste M seine nicht eingeweihte Tochter, bei der deutschen Polizei eine Anzeige wegen Unterschlagung des vermieteten BMW zu stellen. Unmittelbar danach fuhren M und X wie geplant nach Polen, fanden den Wagen mittels GPS bei G und M ließ als vermeintlicher Geschädigter einer Unterschlagung das Fahrzeug durch die polnische Polizei bei G sicherstellen und brachte es zurück nach Deutschland.

Wie hat sich M in Deutschland strafbar gemacht?

I. Indem M zusammen mit X den sicherungsübereigneten BMW an G verkauft hat, könnte er sich durch Täuschung des G zu dessen Nachteil in Mittäterschaft **wegen Betruges nach §§ 263 Abs. 1, 25 Abs. 2 strafbar** gemacht haben.

1. M selbst hat niemanden getäuscht. Er musste sich jedoch die **Täuschung** des G durch X **nach § 25 Abs. 2 als Mittäter zurechnen lassen**. M und X haben arbeitsteilig und planmäßig in einem gemeinsamen Tatplan gleichberechtigt zusammengearbeitet. Beim Verkauf des BMW spiegelte X dem Erwerber G seine Eigentümerstellung und Verfügungsberechtigung über den Wagen vor, die er mit den gefälschten Papieren belegt hat. Das veranlasste G irrtumsbedingt zur **Vermögensverfügung** über die 42.000 €.

2. Fraglich ist, ob G einen **Vermögensschaden** erlitten hat. Er verlor 42.000 €. Fraglich ist, ob diese Vermögensminderung kompensiert wurde. Ein Vermögensschaden tritt ein, **wenn die Vermögensverfügung des Getäuschten bei wirtschaftlicher Betrachtungsweise unmittelbar zu einer nicht durch Zuwachs ausgeglichenen Minderung des Gesamtwertes seines Vermögens führt (Gesamtsaldo)**.[82] Ausgehend vom juristisch-ökonomischen Vermögensbegriff ist bei der Schadensbestimmung zu beachten, dass bei wirtschaftlicher Betrachtungsweise auch die hohe Wahr-

82 Hecker JuS 2015, 949; Wessels/Hillenkamp BT 2 Rn. 538 ff.

Die früher vom RG vertretene sog. Makeltheorie, nach der der gutgläubige Erwerb eben sittlich bemakelt und daher nicht wirtschaftlich gleichwertig ist, ist m.E. heute nicht mehr anzusprechen. Das Reichsgericht ist Rechtshistorie und man muss veraltete Ansichten auch einmal begraben.

scheinlichkeit späterer Verluste **als sog. schadensgleiche Vermögensgefährdung** das Vermögen unmittelbar mindert.

a) Vorliegend scheitert ein Vermögensschaden möglicherweise daran, dass G Eigentümer des BMW geworden ist. M und X verkauften ein sicherungsübereignetes Fahrzeug. Nichtsdestotrotz wurde G **Eigentümer des nicht abhanden gekommenen Wagens im Wege gutgläubigen Eigentumserwerbs nach §§ 932 ff. BGB**. Der gutgläubige Erwerber ist dem Prozessrisiko ausgesetzt, dass der ursprüngliche Eigentümer ihn auf Herausgabe verklagt. Umstritten ist, ob ein solches **zivilrechtliches Prozessrisiko**, das auf dem gutgläubig erworbenen Gegenstand ruht, das Vermögen unmittelbar mindert. Ein Vermögensschaden ist nach dem BVerfG[83] vorrangig nach wirtschaftlichen Gesichtspunkten zu bestimmen – Art. 103 Abs. 2 GG – und zu beziffern. Das gilt auch und erst recht für eine sog. schadensgleiche konkrete Vermögensgefährdung als Vermögensschaden. Das Zivilrecht ist eindeutig. Der gutgläubige Erwerb ist wirtschaftlich nicht weniger wert als der Erwerb vom Berechtigten. Eigentum ist Eigentum. Daher ist ein Vermögensschaden allein aus der Belastung mit einem – normalen – Prozessrisiko abzulehnen.[84]

b) Vorliegend könnte man einen wirtschaftlichen Vermögensschaden darin sehen, dass M und X von vornherein den Plan verfolgten, sich den BMW wieder zu beschaffen, da sie wussten, dass G aufgrund der gefälschten Papiere kaum eine Chance hatte, sich gegen eine polizeiliche Sicherstellung zu wehren. Fraglich ist, **ob die Belastung des Wagens mit dem „kriminellen Rückholplan" das Vermögen derart konkret gefährdet**, dass es in seinem Vermögen wirtschaftlich gemindert ist. Das sieht der BGH[85] so. G hat danach bei wirtschaftlicher Betrachtung zum Zeitpunkt der Vermögensverfügung lediglich eine für ihn im Ergebnis wertlose Besitzposition erlangt. Die hohe Wahrscheinlichkeit späterer Verluste als eine schadensgleiche Vermögensgefährdung würde das Vermögen unmittelbar mindern.

c) Dieses Verständnis führt zu einer Überdehnung des Vermögensschadens.[86] Rechtlich und wirtschaftlich erhält der gutgläubige Erwerber Eigentum. Das zivilrechtliche Prozessrisiko ist noch weniger eine konkrete Vermögensgefährdung als die Belastung mit einem kriminellen Rückholplan. Wenn man nicht überhaupt diese Rechtsfigur als unzulässige Umwandlung des Erfolgsdelikts in ein Gefährdungsdelikt ablehnt, so ist doch eine aus feststehenden Tatsachen herzuleitende Verschlechterung der gegenwärtigen Vermögenslage zu verlangen, die darin besteht, dass dem Bedrohten keine Möglichkeit zur Verfügung steht, den Umschlag der Gefahr in einen Schaden zu vermeiden.[87] Wenn das bei einem zivilrechtlichen Prozessrisiko zutreffend nicht der Fall ist, kann das bei einem kriminellen Rückholplan in seinen Zufälligkeiten noch weniger der Fall sein. Ein **Vermögensschaden ist zu verneinen.**

83 BVerfG, Beschl. v. 23.06.2010 – 2 BvR 105/09, RÜ 2010, 638.

84 BGH, Urt. v. 15.04.2015 – 1 StR 337/14, RÜ 2015, 584; BGH NStZ 2013, 37; Begemeier/Wölfel JuS 2015, 307; Hecker JuS 2015, 949, 951; Jäger Examensrepetitorium BT Rn. 349; Wessels/Hillenkamp BT 2 Rn. 578.

85 BGH, Urt. v. 15.04.2015 – 1 StR 337/14, RÜ 2015, 584; Hecker JuS 2015, 948.

86 El Ghazi HRRS 2015, 331.

87 Wessels/Hillenkamp BT 2 Rn. 572.

M hat sich **nicht wegen gemeinschaftlichen Betrugs** strafbar gemacht.

II. M könnte sich **wegen Untreue nach § 266** zum Nachteil der Bank strafbar gemacht haben, indem er ein Fahrzeug verkauft hat, das er der Bank zur Sicherheit übereignet hatte. Dann müsste M eine **Vermögensbetreuungspflicht** inne gehabt haben.

Eine **Vermögensbetreuungspflicht** verlangt, dass dem Anvertrauten eine **fremdnützige Fürsorgepflicht** über das Vermögen des Anvertrauenden als **Hauptpflicht** auferlegt ist, die ihm ein Maß an Selbständigkeit und Dispositionsmacht gewährt.[88] Nicht jede zivilrechtliche Vertragsbeziehung begründet eine Vermögensbetreuungspflicht, nicht jede zivilrechtliche Vertragsverletzung ist die Verletzung einer solchen. Es gilt ein restriktiver Maßstab zur Bestimmung dieser untreuespezifischen Garantenstellung. Sicherungsabreden sind dem Wesen nach eigennützig und legen keiner Partei vermögensfürsorgerische Pflichten auf.[89] M hat sich **nicht wegen Untreue** strafbar gemacht.

Auf der Grundlage, dass sich M einen betrugsrelevanten Vermögensschaden vorgestellt hat, wäre das ein strafloses Wahndelikt und kein untauglicher Versuch, da er in seiner Vorstellung die strafrechtliche Bedeutung fehldeuten und überdehnen würde.

Fall 26 und 27

III. Durch den Verkauf des BMW an G hat sich M **wegen gemeinschaftlicher veruntreuender Unterschlagung nach §§ 246 Abs. 1, Abs. 2, 25 Abs. 2** zulasten der Bank strafbar gemacht, da er sich das eigentümergleiche Auftreten des X als eine eindeutige Manifestation des Zueignungswillens zurechnen lassen muss. Im Übrigen stand M als Sicherungsgeber im Verhältnis zur Bank als Sicherungsnehmerin in einer Anvertrauensbeziehung gemäß § 246 Abs. 2, da die Sicherungsabrede ihn dazu verpflichtete, die Sache nur zu bestimmten Zwecken im Sinne des Anvertrauenden zu verwenden. Es gilt § 28 Abs. 2.

IV. Eine mögliche **Falschverdächtigung nach § 164 Abs. 1 in mittelbarer Täterschaft** (§ 25 Abs. 1 Alt. 2) des M durch seine Tochter muss sich auf eine konkrete andere Person beziehen, deren Ermittlung möglich ist.[90] Eine namenslose Anzeige genügt dem nicht, zumal der formale Mieter falsche Papiere hatte.

V. Möglicherweise hat sich M **wegen des Vortäuschens einer Straftat in mittelbarer Täterschaft gemäß §§ 145 d Abs. 1 Nr. 1, 25 Abs. 1 2. Alt** strafbar gemacht, indem er seine gutgläubige Tochter zu einer Strafanzeige wegen Unterschlagung durch einen Mieter veranlasst hat.

Die **Polizei ist nach § 158 StPO eine zur Entgegennahme von Anzeigen zuständige Stelle**. Da die Tochter des M gutgläubig war, muss sich M ihre Anzeige **als mittelbarer Täter in Form der Irrtumsherrschaft** zurechnen lassen. Fraglich ist, ob in diesem Verhalten **das Vortäuschen einer begangenen rechtswidrigen Tat** gegeben ist. Ein Vortäuschen liegt vor, wenn ein erdichteter Sachverhalt geschildert wird. Vorliegend lag jedoch mit dem Handeln von M und X eine Unterschlagung zulasten der Bank vor. Gegenstand der Strafanzeige dagegen war eine – erfundene – Unterschlagung eines Mieters des BMW. Mag auch das Delikt identisch sein, wurde die Polizei doch auf eine falsche Fährte geführt. Es genügt für die Strafbarkeit

---

88 OLG Hamm, Beschl. v. 12.03.2015 – III-1 RVs 15/15, RÜ 2015, 374; Jäger Examensrepetitorium BT Rn. 390.

89 AnwK-StGB/Esser § 266 Rn. 54b; Fischer § 266 Rn. 23, 48.

90 Fischer § 164 Rn. 7.

nach § 145 d Abs. 1 Nr. 1, **wenn eine tatsächlich begangene Straftat durch die Anzeige ein im Kern anderes Gepräge erhält.**[91] Durch die Veränderung des vermeintlichen Täters erhält eine angezeigte Straftat ein vollkommen anderes Gepräge. Es besteht die naheliegende Möglichkeit, dass von den Ermittlungsbehörden unnötige Maßnahmen ergriffen werden. Daher lag vorliegend ein Vortäuschen einer Straftat vor. M handelte **wider besseren Wissens und rechtswidrig und schuldhaft**.

M hat sich wegen Vortäuschens einer Straftat in mittelbarer Täterschaft (§§ 145 d Abs. 1 Nr. 1, 25 Abs. 1 Alt. 2) strafbar gemacht.

VI. Darüber hinaus hat sich M **wegen des gemeinschaftlichen Gebrauchens einer unechten Urkunde** – die gefälschten Fahrzeugpapiere – gemäß §§ 267 Abs. 1, 25 Abs. 2 strafbar gemacht.

Konkurrenzen und Ergebnis: M hat sich wegen gemeinschaftlicher veruntreuender Unterschlagung zum Nachteil der Bank gemäß §§ 246 Abs. 2, 25 Abs. 2 in Tateinheit mit gemeinschaftlicher Urkundenfälschung nach §§ 267 Abs. 1, 25 Abs. 2 und wegen Vortäuschens einer Straftat in mittelbarer Täterschaft gemäß §§ 145 d Abs. 1 Nr. 1, 25 Abs. 1 Alt. 2 strafbar gemacht. Letzteres steht in Tatmehrheit (§ 53).

---

91 BGH, Urt. v. 15.04.2015 – 1 StR 337/14, RÜ 2015, 584; Wessels/Hettinger BT 2, Rn. 709.

5. Teil: Computerbetrug

Fall 22: Abhebung am Geldautomaten
(OLG Dresden, Beschl. v. 13.04.2005 – 2 Ss 654/04, StV 2005, 443)

A freundete sich mit der Y an. Die einfach strukturierte Y fasste sehr schnell Zutrauen zu ihm und vertraute ihm ihre EC-Codekarte nebst Geheimzahl an. Eine Befugnis, über das Konto der Y bei der Sparkasse zu verfügen, hatte A nicht, was er auch wusste. Er erhielt die Codekarte lediglich, um entweder im Auftrag der Y Kontoauszüge zu holen oder in deren Beisein Haushaltsgeld vom Konto abzuheben. Trotzdem hob er mit der Codekarte unter Verwendung der Geheimnummer am Geldautomaten der Sparkasse vom Konto der Y 1.000 € ab. Nachdem er das Geld abgehoben hatte, verschwand er spurlos aus dem Leben der Geschädigten. Strafbarkeit des A?

I. A könnte durch Eingabe der Geheimnummer und Betätigen der Geldausgabetaste einen **Computerbetrug** gegenüber der Sparkasse und zulasten der Y gemäß **§ 263 a Abs. 1 Mod. 3** begangen haben.

Dann müsste er unbefugt Daten verwendet haben.

1. Der Begriff der **Daten** ist von dem des § 202 a Abs. 2 zu unterscheiden und weiter zu fassen. Daten i.S.v. § 263 a sind kodierte Informationen in einer im Wege automatisierter Verarbeitung nutzbaren Darstellungsform. Ausreichend ist hierfür eine Kodierung jedenfalls im Moment der Eingabe.

Die Eingabe der Geheimnummer mit den weiteren kodierten Informationen auf der EC-Karte, aber auch die weiteren Informationsschritte am Geldautomaten (Geldbetragstaste, Bestätigungstaste) erfüllen die Anforderung derartiger kodierter Informationen.

2. Diese Daten müsste A **unbefugt verwendet** haben.

Das Tatbestandsmerkmal „unbefugt" wird unterschiedlich beurteilt.

a) Nach einem weiten Verständnis ist „unbefugt" aus der Sicht des kartenausgebenden Instituts zu verstehen. Die Bank bestimmt durch Ausgabe der Karte, wer berechtigt (= befugt) die Daten einsetzen darf.

Danach war A zu keinem Zeitpunkt von der Bank ermächtigt worden, die Daten einzusetzen, er handelte mithin unbefugt.

b) Nach überwiegender Ansicht[92] ist dieses Merkmal streng in Anlehnung an § 263 Abs. 1 betrugsspezifisch auszulegen. Unbefugt ist die Verwendung, wenn sie gegenüber einer natürlichen Person Täuschungscharakter hätte. § 263 a will die Strafbarkeitslücke schließen, die dadurch entstanden ist, dass der Tatbestand des Betruges menschliche Entscheidungsprozesse voraussetzt, die bei dem Einsatz von EDV-Anlagen fehlen. Konkret ist die Täuschungsähnlichkeit der Datenverwendung durch einen Vergleich mit der Irreführung eines fiktiven Menschen zu ermitteln, der sich lediglich mit den Fragen befasst, die auch der Computer prüft. Dieser fiktive Kassenangestell-

92 Fischer § 263 a Rn. 11; Hoffmann-Holland/Voigt BT Rn. 1065.

te würde dann aber – ebenso wie der Computer – die entsprechende Geheimnummer mit dem dazugehörigen Konto vergleichen und sich überdies von der materiellen Berechtigung des diese Informationen nutzenden Bankkunden leiten lassen. Vorliegend hat A die entsprechenden Kontodaten berechtigt von der Y erhalten, er war insoweit nach außen bevollmächtigt worden, diese Daten etwa zum Abholen der Kontoauszüge einzusetzen. Soweit der A die ihm erteilte Vollmacht abredewidrig missbrauchte, stellt sich dieser Missbrauch nach außen nicht als Täuschung der Bank dar, sondern gegebenenfalls als intern missbräuchliches Verhalten gegenüber der Y. § 263 a scheidet nach betrugsäquivalenter Auslegung aus.

c) Bei der inhaltlichen Bestimmung des Merkmals „unbefugt" ist dessen Stellung in der konkreten Norm zu beachten. Schon die Überschrift des § 263a als Computerbetrug macht deutlich, dass es sich um eine Regelung betrugsähnlichen Verhaltens handeln muss. Auch der Aufbau dieser Norm entspricht völlig dem § 263 Abs. 1. Daher sind Auslegungshilfen aus § 263 Abs. 1 heranzuziehen, sodass eine betrugsspezifische Auslegung geboten ist. Danach kommt diesem Merkmal eine sogenannte „Täuschungsäquivalenz" zu. Der die Daten nutzende Täter erklärt sinngemäß „Ich darf das" bzw. „Ich bin der formell Berechtigte". Eben diese formelle Berechtigung hatte der A durch Y erhalten.

Daher scheidet eine unbefugte Verwendung von Daten aus. A hat sich nicht gemäß § 263 a Abs. 1 strafbar gemacht.

II. Ein **Betrug** gemäß **§ 263 Abs. 1** gegenüber und zulasten der Y scheidet aus, da dem Sachverhalt keine Hinweise zu entnehmen sind, wonach der A schon täuschungsbedingt in den Besitz der Karte gelangt war.

Beachte: Anderes Obersatzverhalten als bei § 263 a!

III. Der A könnte einen **Diebstahl** gemäß **§ 242 Abs. 1** durch Herausnahme der Geldscheine begangen haben.

Angesichts der Nutzung des Geldautomaten mit der richtigen Geheimnummer ist nicht von einem Gewahrsamsbruch an den Geldscheinen auszugehen, da die Bank als ursprüngliche Sachherrschaftsträgerin der Geldscheine einverständlich die Sachherrschaft nach Eingabe der richtigen Geheimnummer mit den Kontodaten an den jeweiligen Benutzer übertragen wollte (vgl. Fall 9).

IV. Des Weiteren könnte sich der A durch Gebrauch der Karte gemäß **§ 266 Abs. 1 Alt. 2** einer **Untreue** schuldig gemacht haben.

1. Dann müsste er eine **Vermögensbetreuungspflicht** verletzt haben.

a) Unter Vermögensbetreuungspflicht ist eine inhaltlich besonders herausgehobene Pflicht zu verstehen, Vermögensinteressen eines Dritten zu betreuen, d.h. drohende Vermögensnachteile abzuwenden. Der Täter muss innerhalb eines nicht ganz unbedeutenden Pflichtenkreises im Interesse des Vermögensinhabers tätig und zur fremdnützigen Vermögensfürsorge verpflichtet sein. Allgemeine schuldrechtliche Verpflichtungen wie aus allgemeinen Austauschverhältnissen reichen nicht aus.

Vorliegend hatte die Y dem A ihre Scheckkarte und persönliche Geheimzahl überlassen. Wesensmäßig hatte sie ihm damit die Zugriffsmöglichkeit auf ihr Konto eröffnet, vergleichbar einer erteilten Bankvollmacht. Die Erteilung dieser Befugnis geht mit großem Vertrauen des Vollmachtgebers einher. Nur mit diesem Vertrauensvorschuss räumte die Y dem A eben die faktische Möglichkeit ein, Zugriff auf ihr Konto zu nehmen, sei es auch nur, um Kontoauszüge abzuholen oder in ihrem Beisein Haushaltsgeld abzuheben. Infolgedessen bestand eine Vermögensbetreuungspflicht.

b) Diese verletzte der A durch missbräuchliche Nutzung der Karte.

Schaden bei Y als Kontoinhaberin

2. Der Y entstand ein **Vermögensschaden** in Höhe des abgeholten Betrages, da zunächst ihr Konto mit dem abgehobenen Geldbetrag belastet wurde. Angesichts ihres Verhaltens, nämlich leichtfertig Karte und Geheimnummer einem Dritten anzuvertrauen, übernimmt sie auch jedes Missbrauchsrisiko im Verhältnis zur Bank, sodass letztlich ein Schadensausgleich zulasten der kontoführenden Bank ausgeschlossen ist – § 675 v BGB.

3. A handelte **vorsätzlich**, **rechtswidrig** und **schuldhaft**.

A ist wegen Untreue gemäß § 266 Abs. 1 Var. 2 strafbar.

V. A könnte zugleich eine **Unterschlagung** gemäß **§ 246 Abs. 1** durch Herausnahme der Geldscheine aus dem Geldautomaten begangen haben.

1. Zum Zeitpunkt der Herausnahme waren die Geldscheine für A **fremde bewegliche Sachen**. Eine Übereignung der Geldscheine fand nicht statt.

2. Es ist fraglich, ob sich A die für ihn fremden Geldscheine **rechtswidrig zugeeignet** hat.

a) Nach einer Minderansicht[93] sollen Zueignungshandlungen jederzeit, auch mehrfach, als Manifestationshandlungen tatbestandsmäßig sein. Mit dem Herausnehmen der Geldscheine hätte sich eine Eigentümerstellung anmaßende Handlung nach außen manifestiert, § 246 ist zu bejahen.

b) Der BGH[94] nimmt dagegen aus dem Tatbestand der Unterschlagung diejenigen Manifestationshandlungen aus, die nach bereits erfolgter Zueignung zeitlich später folgen. Mit der ersten Zueignungshandlung ist der Eigentumsangriff endgültig vollzogen. Danach würde eine Unterschlagung vorliegend ausscheiden, wenn A schon zuvor am Geld eine Eigentümerstellung anmaßende Manifestationshandlung vorgenommen hätte. Dieses ist anzunehmen, wenn die Eingabe der Geheimnummer durch A bereits den Tatbestand einer – im weitesten Sinne das Eigentum schützenden – Norm verletzt hätte. Wie festgestellt hat sein Verhalten mit Eingabe der Geheimnummer zwar nicht den Tatbestand eines Computerbetruges, aber den der Untreue erfüllt. Damit ist das spätere Verhalten des A als sogenannte tatbestandslose Zweitzueignung aus dem Anwendungsbereich des § 246 ausgeschlossen.

c) Dem BGH ist der Vorzug zu geben. Der Wortsinn „Zueignen" legt das Verständnis nahe, dass es sich hierbei um einen einmaligen, nicht beliebig wiederholbaren deliktischen Erfolg handelt. Schließlich bliebe unklar, wann eine Verjährung möglicher Strafbarkeit beginnen soll, sofern weitere Unterschlagungshandlungen an den deliktisch erlangten Sachen geplant sind. Es gilt: Zugeeignet ist zugeeignet.

Ergebnis: A ist wegen Untreue gemäß § 266 Abs. 1 Alt. 2 strafbar.

93 Mitsch JuS 1998, 312.

94 BGH, Beschl. v. 07.12.1959 – GSSt 1/59, BGHSt 14, 38; Beschl. v. 13.07.1995 – 1 StR 309/95, NStZ-RR 1996, 132; Jäger JuS 2000, 1167; Kretschmer JuS 2013, 24.

Fall 23: „Leerspielen" eines Geldspielautomaten
(BGH, Beschl. v. 12.11.1994 – 1 StR 157/94, BGHSt 40, 331)

A war im Besitz eines illegalen Computerprogramms, das für den Spielverlauf bei einem bestimmten Geldspielautomaten maßgeblich war. Mit diesem auf einer Diskette gespeicherten Programm und einem tragbaren PC fuhr er sodann mit einem Pkw zu einer Gaststätte, in der ein Geldspielgerät der speziellen Marke aufgestellt war. Er spielte mehrfach, um Daten aus dem laufenden Spielprogramm in seinen Computer eingeben zu können. Das Programm berechnete den Programmverlauf aufgrund der eingegebenen Daten derart, dass er nun imstande war, durch Drücken der sogenannten Risikotaste in einem bestimmten Augenblick ein spezielles Gewinnbild herbeizuführen. Auf diese Weise erspielte er mehrere 1.000 €.

Strafbarkeit des A?

Anknüpfungsverhalten genau benennen!

I. A könnte sich eines **Computerbetruges** gegenüber und zulasten des Automatenbetreibers gemäß **§ 263 a Abs. 1 Mod. 3** schuldig gemacht haben, als er jeweils die Risikotaste in einem speziellen Augenblick drückte.

1. A müsste **unbefugt Daten verwendet** haben.

a) Vorliegend setzte A kodierte Informationen in eine im Wege automatisierter Verarbeitung nutzbaren Darstellungsform ein, indem er die Daten aus dem laufenden Spielprogramm von seinem mitgebrachten Programm auswerten ließ und hierdurch das in dem Spielautomaten selbst enthaltene Programm benutzte.

b) Durch das Drücken der Risikotaste im speziellen Augenblick verwendete er diese elektronischen Dateninformationen (Daten).

c) Des Weiteren müsste A unbefugt gehandelt haben.

Nach überwiegender Ansicht ist dieses Merkmal „betrugsspezifisch" auszulegen.[95] Unbefugt ist die Verwendung, wenn sie gegenüber einer natürlichen Person Täuschungscharakter hätte. Daraus folgt, dass dem Willen des Automatenbetreibers – des Inhabers dieses Rechtsguts aus § 263 a – als vergleichbarer natürlicher Täuschungsadressat maßgebliche Bedeutung zukommt. Dessen Erwartungshorizont, soweit dieser sich an vernünftigen Gründen orientiert und erkennbar in Erscheinung tritt, kann nicht außer Betracht bleiben. Daraus folgt, dass gewinnbringendes Spielen an einem Geldspielgerät dann nicht unbefugt ist, wenn der Aufsteller dieses Spielen ausdrücklich oder stillschweigend gestattet hat oder wenn es seinem mutmaßlichen Willen entspricht.

Hat ein Spieler sich das dem Spielautomaten zugrunde liegende Programm illegal verschafft, kann nicht davon ausgegangen werden, dass der Automatenbetreiber mit dem Spielen einverstanden sei. Insbesondere im Zusammenhang mit dem sogenannten Risikospiel fehlt es an einem derartigen Einverständnis. Denn indem der Täter zum Leerspielen die illegal erworbenen Kenntnisse einsetzt, bedient er sich bewusst eines „Schlüssels" zu einem Spielverlauf, den der Hersteller des Spielautomaten aus gutem

95 KG, Urt. v. 08.12.2014 – (3) 161 Ss 216/13.

Grund „verschlüsselt" hat. Es ist auch für jeden Außenstehenden erkennbar, dass ein solches „Spielen" nicht mehr im Risikobereich des Automatenbetreibers liegt, da die Beeinflussung des Ausgangs des Spiels nicht mehr nur auf rein geistige Fähigkeiten oder eine besondere Geschicklichkeit des Spielers zurückzuführen ist.

Infolgedessen hat A sich beim Spielen am Geldspielautomaten unbefugt verhalten.

2. Mit seinem Tatverhalten hat A das Ergebnis eines Datenverarbeitungsvorganges, hier den Ausgang des Spiels, beeinflusst und dadurch einen Vermögensschaden des Automatenausstellers herbeigeführt.

3. A handelte **vorsätzlich** und in der **Absicht rechtswidriger Bereicherung**.

4. Rechtfertigungsgründe und **Schuldausschlussgründe** lagen nicht vor.

A ist wegen Computerbetruges gemäß § 263 a strafbar.

II. A könnte einen **Diebstahl** gemäß **§ 242 Abs. 1** an den Geldmünzen begangen haben, als er diese dem Geldspielautomaten entnahm.

Anderes Anknüpfungsverhalten

1. Dann müssten die Geldmünzen **fremde bewegliche Sachen** gewesen sein.

Diese Münzen waren bewegliche Sachen und daher taugliches Diebstahlsobjekt. Fraglich ist deren Fremdheit im Zeitpunkt der Herausnahme durch A. Möglicherweise könnte hiermit eine Übereignung des Geldes vom Automatenbetreiber an A verbunden sein, als der Automat die Geldmünzen auswarf.

Übereignung durch Spielen?

Vorliegend hatte A jedoch den Geldspielautomaten nicht ordnungsgemäß bedient, sodass eine Einigung zwischen dem Automatenbetreiber und A über den Eigentumsübergang nicht zustande kam. Die Einigungserklärung des Automatenbetreibers ist nach lebensnaher Auslegung gemäß §§ 157, 242 BGB mit der Bedingung verknüpft, dass der Spieler den Automaten ordnungsgemäß – konkret: in Unkenntnis des konkret laufenden Computerprogramms – bespielt. Es kam keine Einigung gemäß § 929 zustande. Das Geld war fremd.

Parallele zum Tanken ohne zu bezahlen.

2. A müsste weiter die Geldstücke **weggenommen** haben. Er müsste fremden Gewahrsam gebrochen und neuen begründet haben.

A begründete neuen Gewahrsam, als er die Münzen einsteckte.

Zweifelhaft ist jedoch, ob dieser Gewahrsamsbegründung ein Bruch fremden Gewahrsams vorausgegangen ist. Dieses wäre abzulehnen, wenn der Automatenbetreiber mit der Aufhebung seiner Sachherrschaft einverstanden gewesen wäre.

Einverständnis beim Spielen?

Ein generelles, schon antizipiert abgegebenes Einverständnis des Automatenbetreibers liegt vor, wenn die Entnahme des „gewonnenen" Geldes nach äußerlich ordnungsgemäßer Bedienung des Automaten ermöglicht wurde. Da A nach außen hin ohne Manipulation am Geldspielautomaten spielte, sich mithin „formell" wie ein redlicher Spieler verhielt, ist von einem tatsächlich erklärten Einverständnis des Automatenbetreibers auszugehen.

Ein Diebstahl scheidet aus.

Obersatz: Allgemeines Spielen am Automaten

III. Des Weiteren könnte sich der A durch das Spielen wegen **Erschleichens von Leistungen** gemäß **§ 265 a Abs. 1 Mod. 1** strafbar gemacht haben.

Dann müsste er die Leistung eines Automaten in der Absicht erschlichen haben, das Entgelt nicht zu entrichten.

1. Automat i.S.v. § 265 a ist ein technisches Gerät, dessen mechanische oder elektronische Steuerung entweder durch bar entrichtetes Entgelt oder durch gleichwertige Eingabe einer Codierung in Gang gesetzt und selbst tätig ist, d.h. ohne Beteiligung des Betreibers eine beliebige Leistung erbringt oder den Zugang zu ihrer Inanspruchnahme eröffnet. Hierunter fallen vor allem Geräte, die eine entgeltliche „Leistung" erbringen (Leistungsautomaten).

Ob hierunter auch Warenautomaten fallen, wird unterschiedlich beurteilt.

a) So wird die Ansicht[96] vertreten, dass auch Warenautomaten eine „Leistung" i.S.v. § 265 a erbringen, letztlich aber die Norm als formell subsidiär hinter einem möglicherweise ebenfalls verwirklichten Diebstahl zurücktritt.

Insbesondere: § 242 BGB

b) Nach überwiegender Ansicht[97] sind Warenautomaten, bei denen das Entgelt im Wesentlichen für die Übereignung von Sachen entrichtet wird, aus dem Anwendungsbereich des § 265 a ausgenommen, da insoweit die Eigentumsdelikte die spezielleren Tatbestände darstellen.

Bei Geldspielautomaten ist im Hinblick auf die Einordnung in den § 265 a zu unterscheiden.[98] Soweit es um den Spielablauf selbst geht, handelt es sich um einen Leistungsautomaten. Der Geldausgabe- und Geldrückgabeteil des Automaten könnte dagegen als Warenautomat zu behandeln sein, der durch § 242 geschützt wird.

2. Soweit A die Leistung des Spielablaufs herbeiführte, ist die weitere Voraussetzung des **Erschleichens** zweifelhaft.

a) Erschleichen verlangt eine betrugsähnliche Handlung, wonach über die innere Willensrichtung des Täters hinaus ein manipulatives äußeres Verhalten notwendig ist, das vor allem in der Ausschaltung oder aktiven Umgehung von Sicherungsvorkehrungen bestehen kann, die das Entrichten des Entgelts für die Leistung sicherstellen sollen.

Da A vorliegend den Automaten mit gültigen Zahlungsmitteln und nicht etwa mit manipulierten Geldmünzen bediente, erschlich er nicht die Leistung des Automaten.

b) Soweit der A beim Spielen das Ziel verfolgte, mit Drücken der Risikotaste zum richtigen Augenblick einen Gewinn zu erzielen, um anschließend das gewonnene Geld dem Automaten entnehmen zu können, zielte er auf das Eigentum des Automatenaufstellers an den Geldstücken ab. Die Herausgabe des scheinbar gewonnenen Geldes erfüllt aber nicht die Voraussetzung der „Leistung" des Automaten, sondern stellt sich vielmehr als dessen „Ware" dar, die übereignet werden soll.

96 Mitsch JuS 1998, 312, 3; Wessels/Hillenkamp BT 2 Rn. 678.

97 Fischer § 265 a Rn. 11.

98 Wessels/Hillenkamp BT 2 Rn. 678.

Eine Strafbarkeit aus § 265 a Abs. 1 scheidet aus.

IV. Des Weiteren könnte sich A sich wegen **Unterschlagung** nach **§ 246 Abs. 1** strafbar gemacht haben, als er die Geldstücke an sich nahm.

1. Bei den Geldstücken handelt es sich für A um **fremde bewegliche Sachen**.

2. Diese müsste er sich **rechtswidrig zugeeignet** haben. Hierunter ist die eindeutige Manifestation des Zueignungswillens zu verstehen.

Fraglich ist, ob A durch den Zugriff auf das Geld eine derartige tatbestandliche Zueignungshandlung vornahm. Denn insoweit könnte erwogen werden, dass der A, der schon durch unbefugte Verwendung von Daten den Spielverlauf mit entsprechender Gewinnausschüttung veranlasst hatte, zuvor bereits rechtswidrig das Eigentum des Automatenaufstellers angegriffen hatte.

Zweitzueignung

Nach überwiegender Ansicht ist das Verhalten des A als sogenannte wiederholte Zweitzueignung tatbestandslos.[99] In Fällen, in denen sich der Täter die Sache zuvor bereits zugeeignet hat, kann er den Tatbestand nicht noch einmal erfüllen, weitere Zueignungsakte durch ihn sind tatbestandslos. Demgegenüber wird auch vertreten, dass in einer wiederholten Betätigung des Herrschaftswillens eine erneute Zueignung liegt, diese aber als mitbestrafte Nachtat gegenüber dem ersten Zueignungsakt zurücktritt.

Im Ergebnis besteht Einigkeit, dass eine Strafbarkeit des A aus § 246 Abs. 1 ausscheidet.

Ergebnis: A ist wegen Computerbetruges gemäß § 263 a Abs. 1 strafbar.

99 Kretschmer JuS 2013, 24.

6. Teil: Erschleichen von Leistungen

Fall 24: Missbräuchliche Nutzung der Parkuhr
(OLG Saarbrücken, Entsch. v. 30.06.1988 – 1 Ws 208/88, VRS 1988, 345)

Bei einer Leerung von Parkuhren stellten Mitarbeiter des privaten Betreibers fest, dass sich in einer Parkuhr, vor der ein Pkw parkte, mehrere 10-Centime-Stücke (frühere französische Währungseinheit) befanden; bei Bedienung der Parkuhr mit einem solchen Geldstück, das nach dem derzeitigen Kurs rund 0,03 € entspricht, wurde in der Uhr der gleiche Mechanismus betätigt, als wenn ein 0,50 €-Stück eingeworfen worden wäre. Nachdem Bedienstete diese Uhr vollständig entleert hatten, bemerkten sie bei ihrer anschließenden Beobachtung nach ungefähr 20 Minuten, dass die A, deren Fahrzeug vor der Uhr stand, die Uhr bediente. Sie öffneten die Uhr erneut und entnahmen ihr zwei Münzen von jeweils 10 Centimes.
Strafbarkeit der A? Erforderliche Strafanträge sind gestellt.

A. Strafbarkeit hinsichtlich der Parkgebühr

I. Die A könnte einen **Betrug** gemäß **§ 263 Abs. 1** gegenüber und zum Nachteil des privaten Betreibers begangen haben, als sie anstelle von zwei 50-Cent-Stücken zwei 10-Centime-Stücke in die Parkuhr warf.

1. Dann müsste sie eine täuschende Erklärung über Tatsachen abgegeben haben. **Täuschungshandlung** ist jede beliebige Handlung, die einen Erklärungswert hinsichtlich Tatsachen besitzt und auf die Vorstellung einer anderen natürlichen Person so einwirkt, dass sie zu einem Irrtum führen kann.

Die fehlende Kenntnis der A ist erst im Vorsatz bedeutsam

Vorliegend gab die A durch Einwerfen der Geldmünzen die schlüssige Erklärung ab, die Parkuhr ordnungsgemäß, d.h. mit echten 50-Cent-Stücken, zu bedienen. Dieses äußere Verhalten geschah – objektiv – auch gegenüber einer anderen natürlichen Person, da sie während dieses Vorgangs beobachtet wurde. Da nach überwiegender Ansicht das „Täuschen" i.S.v. § 263 Abs. 1 kein subjektives Element des Handelnden, gerichtet auf Irrtumserregung, enthält, ist die Tathandlung zu bejahen.

2. Des Weiteren müsste in dem Bediensteten, der sie beobachtete, ein entsprechender **Irrtum** – Widerspruch zwischen einer subjektiven Vorstellung und der Wirklichkeit – erregt worden sein. Dieses ist abzulehnen, da der die A beobachtende Bedienstete von vornherein dem Tun der A misstraute und davon ausging, dass A sich manipulativ an der Parkuhr verhalten werde.

Ein Betrug scheidet aus.

II. A könnte einen **versuchten Betrug** gemäß **§§ 263 Abs. 1, 2, 22** zum Nachteil des privaten Aufstellers begangen haben, als sie die zwei Münzen französischer Währung einwarf.

A hätte in der Vorstellung handeln müssen, mit ihrem Verhalten alle Betrugsmerkmale zu erfüllen.

1. Die A hatte den Entschluss, mit ihrem Verhalten einen etwa auftauchenden Bediensteten des Privatunternehmens über die ordnungsgemäße Bedienung der Parkuhr zu täuschen und einen entsprechenden Irrtum bei diesem hervorzurufen.

2. Des Weiteren müsste sie in der Vorstellung gehandelt haben, dass der Bedienstete des Privatunternehmens eine Vermögensverfügung zulasten des Privatunternehmens getätigt hätte.

Lebensnahe Auslegung erforderlich

Diese könnte allenfalls darin zu sehen sein, dass – möglicherweise – der Bedienstete des Privatunternehmens es unterlassen hätte, den eigentlich zustehenden Differenzbetrag nachzufordern. Eine derartige Vorstellung der A anzunehmen, ist fernliegend, da es kaum den ständigen Gepflogenheiten bei Verstößen gegen die Pflicht zur Bedienung von Parkuhren entspricht, neben der Einleitung eines entsprechenden Ordnungswidrigkeitenverfahrens zusätzlich noch den zu wenig entrichteten Betrag nachzufordern. Infolgedessen kann auch nicht zulasten der A von einer entsprechenden Vorstellung hierüber ausgegangen werden.

Die A ist nicht wegen versuchten Betruges strafbar.

III. Schließlich könnte A wegen **Erschleichens von Leistungen** gemäß **§ 265 a Abs. 1 Mod. 1** strafbar sein, als sie die Parkuhr betätigte.

Dann müsste sie die Leistung eines Automaten in der Absicht erschlichen haben, das Entgelt nicht zu entrichten.

Automat i.S.v. § 265 a ist ein technisches Gerät, dessen mechanische oder elektronische Steuerung entweder durch bar zu entrichtendes Entgelt oder durch gleichwertige Eingabe einer Codierung in Gang gesetzt wird und selbsttätig eine beliebige Leistung erbringt oder den Zugang zu ihrer Inanspruchnahme eröffnet.

Nach einhelliger Ansicht handelt es sich bei Parkuhren um keine Leistungsautomaten in diesem Sinne, da die Entgeltzahlung keine tatsächliche Leistung (Parkmöglichkeit), sondern nur die zeitweise Aufhebung des Parkverbots bewirkt. Dies zeigt auch der Unterschied zwischen einer Parkuhr und einem Automaten, der eine Schranke zu einem Parkraum eröffnet: Die Parkuhr gestattet die Benutzung einer Parkfläche erst mit dem In-Gang-Setzen, tatsächlich möglich ist die Benutzung aber auch ohne Bedienung der Parkuhr. Ein Parkautomat, der eine Schranke in Bewegung setzt, erbringt dagegen eine Leistung: Er ermöglicht demjenigen, der ihn bedient, erst die Inanspruchnahme der ihm bis dahin gerade nicht zugänglichen Parkfläche. Während durch ihn ein Benutzer also etwas erhält, was ihm ansonsten vorenthalten bleibt, steht die Parkfläche vor einer Parkuhr jederzeit zur Benutzung offen. Das Bedienen der Parkuhr bewirkt nicht die faktische Möglichkeit zu Inanspruchnahme der Parkfläche, vielmehr bewirkt es lediglich das In-Gang-Setzen eines technischen Beweismittels dafür, dass die Parkfläche nicht unerlaubt benutzt wird.

Deshalb scheidet hier eine Strafbarkeit aus § 265 a Abs. 1 Mod. 1 aus.

B. Strafbarkeit bzgl. der Vermeidung eines möglichen Verwarngeldes

I. Ein **Betrug** gemäß **§ 263 Abs. 1** gegenüber und zulasten des privaten Betreibers durch Einwerfen der französischen Münzen zwecks Vermeidung eines möglichen Verwarngeldes kommt aus den genannten Gründen nicht in Betracht. Der die A beobachtende Bedienstete der Privatgesellschaft befand sich in keinem Irrtum.

II. A könnte aber einen **versuchten Betrug** gemäß **§§ 263 Abs. 1, 2, 22** durch „Füttern" der Parkuhr begangen haben.

Dann müsste sie den Entschluss gehabt haben, alle Tatbestandsvoraussetzungen des § 263 Abs. 1 zu erfüllen.

1. A hatte die Vorstellung, die Bediensteten der Privatgesellschaft bei Kontrollen über die Entrichtung der Parkgebühr zu täuschen.

2. Sie hatte darüber hinaus die Vorstellung, dass irrtumsbedingt der jeweilige Bedienstete es unterlassen würde, wegen des eigentlich ordnungswidrigen Verhaltens gegen sie ein Bußgeldverfahren in Gang zu setzen. Sie stellte sich mithin vor, dass der jeweilige Bedienstete es unterlassen würde, ein entsprechendes Verwarngeld gegen sie festzusetzen.

3. Schließlich müsste sie in der Vorstellung gehandelt haben, dass durch das Unterlassen der Geltendmachung eines Verwarngeldes ein entsprechender Vermögensschaden entsteht.

Vermögen ist die Gesamtheit der geldwerten Güter einer natürlichen oder juristischen Person abzüglich der Verbindlichkeiten. Auch der Staat, mithin die Rechtsgemeinschaft, nimmt mit seinem Vermögen insoweit am strafrechtlichen Schutz des § 263 teil.

Vorliegend wollte die A durch ihr Verhalten dem staatlichen Anspruch auf Erhalt einer Geldbuße oder eines Verwarnungsgeldes entgehen. Ob derartige Ansprüche am Vermögensschutz eines Betruges teilnehmen, wird unterschiedlich beurteilt.

Dieselbe Problematik taucht etwa in § 274 auf, wenn der Täter Urkunden unterdrückt, um sich einem Strafanspruch zu entziehen: Ist der Staat insoweit durch § 274 geschützt?

a) So wird vertreten,[100] dass angesichts des Forderungscharakters, der Durchsetzbarkeit und der insoweit auch fiskalischen Bedeutung vereinnahmter Bußgelder Vermögensschutz besteht.

b) Demgegenüber lehnt die überwiegende Ansicht[101] die Anwendung des § 263 ab, wenn der Täter mit Mitteln der Täuschung repressives Verhalten des Staates vereitelt, denn die Durchsetzung von Strafen, Sanktionen und Geldbußen wird durch andere Normen, etwa § 258, geschützt.

c) Mit der überwiegenden Ansicht ist die Annahme eines Betruges abzulehnen.

Die Vermögensdelikte sollen individuelles Vermögen schützen. Hierzu ist sicher auch das Vermögen der Gemeinschaft zu rechnen, insbesondere bei fiskalischem Auftreten des Staates. Sobald der Staat aber dem Bürger repressiv gegenübertritt, verlässt er diesen „privaten" Bereich, spezielle Normen regeln das Verhältnis Bürger und Staat. So sind insbesondere auch Regelungen wie § 258 Abs. 1 mit der Ausklammerung vereitelter Bußgelder, § 258 Abs. 5, 6 als Privilegierungen bestimmter Konfliktsituationen bis hin zu § 136 StPO als abschließend zu betrachten. Eine erweiternde Anwendung des § 263 auch auf diese Bereiche würde gerade diese Privilegierungen entwerten.

Eine Strafbarkeit wegen eines versuchten Betruges scheidet aus.

Ergebnis: A hat sich nicht strafbar gemacht.

---

100 Mitsch, Strafrecht Besonderer Teil 2, Teilband 1, 7/88.

101 Fischer § 263 Rn. 99.

Fall 25: Erschleichen von Leistungen durch unauffälliges Auftreten

(BGH, Beschl. v. 08.01.2009 – 4 StR 117/08, RÜ 2009, 234)

A benutzte den Eurocity 107 von Münster nach Hamburg, ohne einen gültigen Fahrausweis gelöst zu haben und ohne zahlen zu wollen. Dem kontrollierenden Schaffner zeigte er ein Firmenticket 2000, das – was ihm bekannt war – nur im Verkehrsverbund NRW Geltung besaß. Der Schaffner ließ ihn daraufhin unbehelligt weiterfahren.

Strafbarkeit des A? Erforderliche Strafanträge sind gestellt.

I. A könnte einen **Betrug** gemäß **§ 263** begangen haben, als er das Firmenticket 2000 vorwies.

Mit diesem späteren Verhalten aus Gründen der Konkurrenz beginnen!

1. A müsste über **Tatsachen getäuscht** haben.

a) Eine ausdrückliche Täuschung über Tatsachen scheidet vorliegend aus, da der A keinerlei unmittelbare Erklärung gegenüber dem Schaffner abgab. Auf die entsprechende Bitte nach dem Fahrausweis legte er ein gültiges Firmenticket 2000, dessen Inhaber er war, vor. Damit ging aber ausdrücklich keinerlei Erklärung einher.

b) Indes könnte hierin eine schlüssige Erklärung mit Täuschungselementen enthalten sein. Dann müsste A zugleich durch Vorlage des Firmentickets 2000 erklärt haben, einen gültigen Fahrausweis für den Eurocity 107 für die Fahrt von Münster nach Hamburg zu besitzen.

Mit der Vorlage des gültigen Firmentickets 2000 erklärt der A typischerweise nur, dass er Inhaber dieses speziellen gültigen Tickets ist. Eine weitergehende Erklärung, etwa dessen Geltung für die spezielle Fahrt, wird typischerweise nicht abgegeben. Der Erklärungsempfänger erwartet diesbezüglich auch keine Erklärungen, da er derjenige ist, der in eigener Verantwortlichkeit die Geltung des jeweiligen Fahrausweises für die spezielle Strecke zu überprüfen hat.

Was wird typischerweise miterklärt? Keine lebensfremde Überdehnung!

Damit scheidet ein Betrug aus.

II. A könnte eine **Beförderungserschleichung** gemäß **§ 265 a Abs. 1 Mod. 3** begangen haben, als er den Zug bestieg.

1. Ein **Verkehrsmittel** nach Abs. 1 ist ein technisches Gerät, das dem Transport von Personen dient, wobei unter Beförderung das Verbringen von Personen von einem Ort zu einem anderen Ort zu verstehen ist. Der von A benutzte Eurocity ist ein Verkehrsmittel.

2. A müsste die **Beförderungsleistung erschlichen** haben.

a) Ausgehend von Wortverständnis und Stellung im Gesetz wird vertreten, dass ein Erschleichen der Beförderung ein manipulatives Einwirken auf oder ein Umgehen oder Ausschalten von Sicherungen voraussetzt, die besonders die Entrichtung des Entgelts sicherstellen sollen.[102] Ein Erschleichen einer Beförderungsleistung (oder der Zutritt zu einer Veranstaltung oder Einrichtung) ist nicht schon das unbefugte unentgeltliche Sichverschaffen der Leistung bzw. des Zutritts. § 265 a ist nur in den Fällen ein-

102 Fischer § 265 a Rn. 5 ff.; Hoffmann-Holland/Voigt BT Rn. 1078; Wessels/Hillenkamp BT 2 Rn. 676.

schlägig, in denen der Täter durch Umgehen oder Ausschalten von Kontrollmaßnahmen in den Genuss des Vorteils gelangt. Oder: Unbefugt ist nicht gleich erschlichen. Ansonsten ist keine Abgrenzung zum sozialadäquaten Handeln möglich. Danach liegt kein strafbares Verhalten vor, da A offen wie jeder andere Fahrgast auch den Zug betreten hat.

b) Demgegenüber sieht der BGH[103] § 265 a bereits als erfüllt, wenn der Täter sich durch sein Verhalten mit dem Anschein der Ordnungsgemäßheit umgibt, wie z.B. durch das Nichtlösen oder Nichtentwerten eines Fahrausweises sowie ein unauffälliges und unbefangenes Auftreten.

Ausgangspunkt einer Auslegung ist stets der Wortlaut der Norm. Danach beinhaltet der Begriff des Erschleichens lediglich die Herbeiführung eines Erfolges auf unrechtmäßigem, unlauterem oder unmoralischem Weg. Dieses Verständnis des Erschleichens, das äußerlich nicht mehr von der bloßen Inanspruchnahme der Beförderungsleistung zu unterscheiden ist, widerspricht nicht dem Bestimmtheitsgebot des Art. 103 Abs. 2 GG, da das Tatbestandsmerkmal im Hinblick auf seine Funktion der Lückenausfüllung eine weite Auslegung zulässt.

Schließlich legt eine systematische Auslegung im Vergleich mit den anderen Tatbestandsalternativen keine andere Auslegung nahe, da der Täter einer Beförderungserschleichung in ein ohnehin in Betrieb befindliches Verkehrsmittel einsteigt, ohne dass aktive Umgehungen von Kontrolleinrichtungen notwendig sind.

Nach seinem Normzweck sollen durch § 265 a gerade diejenigen Fälle erfasst werden, in denen es unklar bleibt, ob der Täter durch täuschungsähnliches oder manipulatives Verhalten Kontrollen umgeht. Der weiten Auslegung ist daher der Vorzug zu geben.

3. Der A handelte **vorsätzlich**, in der Absicht, das Beförderungsentgelt nicht zu entrichten, **rechtswidrig** und **schuldhaft**.

4. Ein ggf. erforderlicher Strafantrag (§§ 265 a Abs. 3, 248 a) ist gestellt.

Ergebnis: A ist wegen Erschleichens von Leistungen gemäß § 265 a Abs. 1 Mod. 3 strafbar.

---

103 BGH, Beschl. v. 08.01.2009 – 4 StR 117/08, RÜ 2009, 234.

7. Teil: Untreue

Fall 26: Nachlässige Vertretung als Untreue
(BGH, Urt. v. 11.11.1982 – 4 StR 406/82, NJW 1983, 461)

Rechtsanwalt A erhielt von der N-KG den Auftrag, in einer Verkehrsunfallsache Schadensersatzansprüche i.H.v. 6.000 € geltend zu machen und notfalls einzuklagen. Außer einer vorläufigen Schadensmeldung bei der gegnerischen Versicherung und Beiziehung der polizeilichen Unfallakten unternahm er jedoch nichts. Auf wiederholte Mahnungen der Mandantin reagierte er mit Ausflüchten. Die Forderung ist inzwischen verjährt, was A in Kauf genommen hat.

Strafbarkeit des A nach StGB?

A könnte durch das Unterlassen der notwendigen Rechtsverfolgung eine **Untreue** gemäß **§ 266 Abs. 1** begangen haben.

Eine genauere Angabe – welche Alternative des § 266? – kann im Einleitungssatz unterbleiben; alles Weitere ergibt sich aus der Tatbestandsprüfung.

I. Infrage kommt **Missbrauchsuntreue** gemäß **§ 266 Abs. 1 Alt. 1**.

Dann müsste A eine ihm **rechtsgeschäftlich eingeräumte Befugnis**, über **fremdes Vermögen zu verfügen**, unter Verstoß gegen die sich aus dem Innenverhältnis ergebenden Grenzen missbraucht haben.

Vorliegend hatte die N-KG dem A den Auftrag erteilt, für sie als Rechtsanwalt Ansprüche geltend zu machen und notfalls einzuklagen. Infolgedessen war er nach außen hin rechtsgeschäftlich ermächtigt worden, die Interessen der N-KG wahrzunehmen.

Beachte: Das rechtsgeschäftliche Verhalten nach außen muss wirksam sein (Falle!).

Allerdings ist dem A kein aktives Verhalten mit Missbrauchstendenz vorzuwerfen, vielmehr hat er es unterlassen, entsprechend seines Auftrags tätig zu werden.

Der Missbrauchstatbestand des § 266 Abs. 1 Alt. 1 kann auch durch Unterlassen verwirklicht werden, wenn das Unterlassen selbst als rechtsgeschäftliche Handlung wirkt (Beispiel: Schweigen auf ein kaufmännisches Bestätigungsschreiben), hingegen ist für das Verjährenlassen einer Forderung die Annahme des Missbrauchstatbestandes zweifelhaft. Insoweit ist für einen strafrechtlich relevanten Missbrauch durch Unterlassen zu verlangen, dass diesem Unterlassen rechtsgeschäftliche Bedeutung zukommt bzw. dass sich in der Unterlassung selbst ein rechtsgeschäftlicher Handlungswille ausdrückt.

Davon kann vorliegend nicht ausgegangen werden, zumal es an einem Erklärungsadressaten des Unterlassens des A gefehlt hat.

II. A könnte allerdings **§ 266 Abs. 1 Alt. 2** in Form des **Treuebruchs** verwirklicht haben.

Dann müsste er eine ihm obliegende Pflicht, fremde Vermögensinteressen wahrzunehmen, verletzt und dem ihm verbundenen Vermögensträger einen Vermögensschaden zugefügt haben.

Beachte: Ohne weitere Anwendung des § 13!

1. Da beim Treuebruchtatbestand die Verletzung der Vermögensbetreuungspflicht nicht ausschließlich in Rechtshandlungen, sondern auch durch tatsächliche Einwirkungen auf das fremde Vermögen erfolgen kann, gibt es in der 2. Alt. des § 266 Abs. 1 keine Besonderheiten zum Unterlassungsverhalten eines Täters. Das Unterlassen einer Vermögensbetreuungspflicht kann deren Verletzung beinhalten.

2. Der A müsste eine **Vermögensbetreuungspflicht** innegehabt haben.

Hierunter ist eine inhaltlich besonders herausgehobene Pflicht zu verstehen, Vermögensinteressen eines Dritten zu betreuen, d.h. diesem drohende Vermögensnachteile abzuwenden. Der Inhaber einer Vermögensbetreuungspflicht muss innerhalb eines nicht ganz unbedeutenden Pflichtenkreises im Interesse des Vermögensinhabers tätig werden und zur fremdnützigen Vermögensfürsorge verpflichtet sein.[104] Bloße Austauschverhältnisse wie Mietvertrag oder Kaufvertrag reichen hierfür nicht aus. Die Vermögensbetreuung muss sich als Hauptpflicht darstellen.

Diese steht bei einem Rechtsanwalt gegenüber seinem Mandanten im Zivilprozess oder bei einer vermögensrechtlichen Auseinandersetzung hinsichtlich der Anspruchsverfolgung (und etwaiger Weiterleitung eingegangener Zahlungen) außer Frage.[105] Der Rechtsanwalt als Organ der Rechtspflege (§ 1 BRAO) steht in besonderem Maße in einem vermögenspflichtigen Vertrauensverhältnis zum Mandanten.

3. Diese **Treuepflicht** müsste A **verletzt** haben.

Die Verletzungshandlung kann auch in einem Unterlassen verwirklicht werden, insbesondere wenn Inhalt des Auftrags als Grundlage der Vermögensbetreuungspflicht die Vornahme bestimmter Handlungen war. Vorliegend hatte A das Mandat übernommen, Ansprüche geltend zu machen; indem er dieses unterließ, verletzte er die ihm übertragene Vermögensbetreuungspflicht.

4. Der N-KG entstand ein **Vermögensschaden**. Die Schadensersatzforderung i.H.v. 6.000 € stellte als Forderung gegenüber dem Unfallverursacher einen selbstständigen Vermögenswert dar, dessen Realisierung durch Eintritt der Verjährung zunichte gemacht wurde.

Hier liegt kein Problem, das ist nicht fraglich.

Infolgedessen führte das Unterlassen des A zu einem Vermögensschaden i.H.v. 6.000 €.

5. A handelte zumindest mit **bedingtem Vorsatz**.

6. Das Verhalten des A war **rechtswidrig** und **schuldhaft**.

Ergebnis: A ist wegen Untreue gemäß § 266 Abs. 1 Alt. 2 strafbar.

---

104 Wessels/Hillenkamp BT 2 Rn. 770.

105 BGH, Beschl. v. 24.07.2014 – 2 StR 221/14, NStZ 2015, 277.

Fall 27: Kundenkarte im Zwei-Partner-System

(BGH, Urt. v. 12.05.1992 – 1 StR 133/92, BGHSt 38, 281)

A war Inhaber der sogenannten „air-plus Kreditkarte", die von der Lufthansa AG ausgegeben worden war. Diese setzte er gegenüber der Lufthansa AG ein, ohne zahlungsfähig und zahlungswillig zu sein: Unter Verwendung der Karte gelang es ihm, in einer Filiale der Lufthansa AG ein Flugticket zu erwerben. Mit Vorlage der Karte wurde ihm dieses Ticket über sein Kundenkonto bei der Lufthansa AG zum Ende des Monats in Rechnung gestellt.

Strafbarkeit des A?

I. A könnte sich durch Vorlage der „air-plus Kreditkarte" zum Erwerb des Flugtickets einer **Untreue** gemäß **§ 266 Abs. 1** strafbar gemacht haben.

1. Eine Strafbarkeit aus dem **Missbrauchstatbestand des § 266 Abs. 1 Alt. 1** setzt voraus, dass A eine ihm durch Rechtsgeschäft eingeräumte Befugnis, über fremdes Vermögen zu verfügen, missbraucht und dadurch demjenigen, dessen Vermögensinteressen er zu betreuen hatte, einen Nachteil zugefügt hätte. Der strafrechtliche Missbrauchstatbestand der Untreue verlangt als Tatverhalten ein Überschreiten des rechtlichen Dürfens (im Innenverhältnis zum Vermögensinhaber) unter Beachtung des rechtlichen Könnens (im Außenverhältnis zu Dritten) durch ein rechtsgeschäftlich wirksames Handeln.

Unbeschadet weiterer Voraussetzungen hat es vorliegend daran gefehlt. Der A setzte die „air-plus Kreditkarte", die ihm von der Lufthansa AG ausgehändigt worden war, nicht in einem Außenverhältnis ein, sondern nutzte sie lediglich intern gegenüber der Lufthansa im Innenverhältnis.

Die Missbrauchsvariante des § 266 ist lex specialis zur Treuebruchvariante und ist daher zuerst zu prüfen.

2. Indes könnte eine Strafbarkeit des A **nach dem Treuebruchtatbestand des § 266 Abs. 1 Alt. 2** vorliegen: Dann müsste er die ihm kraft Rechtsgeschäfts obliegende Pflicht, fremde Vermögensinteressen wahrzunehmen, verletzt und demjenigen, dessen Vermögensinteressen er zu betreuen hatte, einen Nachteil zugefügt haben.

Kernvoraussetzung der 2. Alternative ist die Treuepflicht des Täters zum betreuten Vermögen, die als besonders herausgehobene Pflicht zugleich Hauptpflicht der die Beteiligten verbindenden Rechtsbeziehung darstellen muss. A hatte zwar beim Gebrauch der Kundenkarte auch Vermögensinteressen der Lufthansa zu berücksichtigen, denn er war vertraglich verpflichtet, die Karte nur dann zu verwenden, wenn er in der Lage war, die monatlichen Abrechnungen unverzüglich zu begleichen. Dabei handelt es sich aber nicht um eine eigenverantwortliche Vermögensbetreuungspflicht i.S.d. § 266 Abs. 1. Eine solche ist nur dann gegeben, wenn sie den wesentlichen Inhalt des Vertragsverhältnisses ausmacht und damit zu den Hauptpflichten aus dem Vertrag gehört. Der wesentliche Inhalt des Vertrages zwischen Lufthansa und dem A betraf jedoch nicht eine spezifische Pflicht des A, Vermögensinteressen der Lufthansa zu betreuen. Die Rechtsbeziehung bestand allein darin, ihm den bargeldlosen Verkehr zu ermöglichen.

Damit scheidet eine Strafbarkeit des A gemäß § 266 Abs. 1 aus.

II. A könnte sich wegen **Missbrauchs von Scheck- bzw. Kreditkarten** gemäß **§ 266 b** strafbar gemacht haben, als er die Karte zum Erwerb des Flugtickets einsetzte.

Dann müsste A dem Aussteller einer Kreditkarte, die ihm überlassen wurde, durch Missbrauch der Möglichkeit, den Aussteller zu einer Zahlung zu veranlassen, einen Vermögensschaden zugefügt haben.

Tatgegenstand des § 266 b könnte vorliegend eine Kreditkarte sein.

Was hierunter zu verstehen ist, könnte angesichts des Erscheinungsbildes derartiger „Kreditkarten" im Wirtschaftsleben zweifelhaft sein.

1. Die **klassische Kreditkarte** wird im sogenannten **„Drei-Partner-System"** eingesetzt: Das die Karte ausgebende Unternehmen verpflichtet sich gegenüber Vertragsunternehmen, deren Forderung gegen den Kartenbenutzer zu bezahlen, und zieht diese Beträge dann wiederum – in der Regel monatlich – vom Karteninhaber ein.[106] Die missbräuchliche Benutzung der Karte mit der Folge, dass der Aussteller gleichwohl dem Vertragsunternehmen gegenüber zur Zahlung verpflichtet ist, führt in der Regel zur Bestrafung nach § 266b.

2. Vorliegend setzte A aber die „Kreditkarte" im sogenannten **„Zwei-Partner-System"** ein:

Unter Verwendung der Karte erhielt A Leistungen des Kartenausstellers ohne sofortige Bezahlung hierfür. In diesem Fall handelt es sich bei der „Kreditkarte" (besser: Kundenkarte) lediglich um den Ausweis über die Eröffnung eines Kundenkontos mit einem bestimmten Kreditrahmen, der es in den Filialen des Unternehmens ermöglicht, bestimmte Leistungen nicht gegen Barzahlung, sondern gegen Rechnung zu erhalten, ohne jeweils erneut eine Prüfung der Kreditwürdigkeit vornehmen zu müssen.

3. Ob Kundenkarten im sogenannten „Zwei-Partner-System" tatgegenständliche Karten i.S.v. § 266b darstellen, ist zweifelhaft. Schon der Wortlaut des § 266b passt nicht, da danach die Überlassung der Karte dazu missbraucht werden muss, den Aussteller zu einer Zahlung zu veranlassen. Im Zwei-Partner-System wird die Karte aber nur dazu benutzt, eine Leistung vom Aussteller selbst zu erlangen, zu einer Zahlung wird er hingegen nicht veranlasst. Es handelt sich allein um eine Rechtsbeziehung zwischen dem Kartenaussteller und dem Kunden. Außerdem ist die Nutzung der Karte kaum mit der Bezeichnung als Kreditkarte zu vereinbaren, da das kartenausgebende Unternehmen keinen Kredit gewährt, sondern allein – unter Stundung des Rechnungsbetrages – eine eigene Leistung durch Herausgabe von Waren oder Dienstleistung erbringt.[107]

Damit scheidet eine Strafbarkeit des A aus § 266 b aus.

III. A könnte wegen **Betruges** nach **§ 263 Abs. 1** strafbar gemacht haben, als er unter Vorlage der Kundenkarte das Flugticket kaufte, ohne zahlungsfähig und -willig zu sein.

Dann müsste A über Tatsachen getäuscht haben. Mit Vorlage der Karte erklärte A ausdrücklich, Inhaber dieser Karte zu sein – was der Wahrheit ent-

---

106 Fischer § 266 b Rn. 10.

107 Fischer § 266 b Rn. 10a; Wessels/Hillenkamp BT 2 Rn. 798.

sprach –, aber auch zugleich schlüssig, zahlungswillig zu sein. Dies entsprach indes nicht den Tatsachen.

Auf der Grundlage dieser abgegebenen Erklärung müsste der Mitarbeiter einem entsprechenden Irrtum erlegen sein. Dies setzt voraus, dass er sich bei Annahme der Karte und Abwicklung des Kaufgeschäftes über die miterklärte Zahlungswilligkeit des Kunden, Vorstellungen gemacht hat. In den Kreditkartenmissbrauchsfällen im sogenannten Drei-Partner-System wird ein derartiger Irrtum in der Regel verneint, da die wirtschaftlichen Verhältnisse des Kreditkarteninhabers, insbesondere dessen Bonität, dem Vertragsunternehmen wegen der Zahlungsgarantie des kartenausgebenden Instituts gleichgültig sein kann. Der Vertrag zwischen dem Kreditkartenausgeber und dem Vertragsunternehmen verlangt von diesem eben nur die Prüfung der genannten formellen Voraussetzungen, nämlich Gültigkeit der Karte und Identität des Karteninhabers, nicht jedoch auch eine Überprüfung der Bonität des Karteninhabers.

Ähnlich verhält es sich im Zwei-Partner-System, da der Angestellte des die Kundenkarten ausgebenden Unternehmens in der Regel weder die Pflicht noch die Möglichkeit hat, die Bonität des Kunden zu überprüfen; er wird sich ebenfalls allein auf die Gültigkeit der Kundenkarte verlassen, wenn ihm eine solche vorgelegt wird. Er wird also gleichfalls nur die formellen Voraussetzungen der Identität der Person und der nicht vorhandenen Kartensperre prüfen.

Eine Täuschung über Tatsachen liegt nicht vor. Eine Bestrafung des A aus § 263 Abs. 1 scheidet aus.

Ergebnis: Das vertragswidrige Verhalten des A ist straflos.

8. Teil: Missbrauch von Scheck- und Kreditkarten

Fall 28: Weiterbenutzung einer durch den Karteninhaber überlassenen Kreditkarte nach dessen Tod
(OLG Hamm, Beschl. v. 12.03.2015 – 1 Rvs 15/15, RÜ 6/2015, 374)

Der vermögende V überließ Ende 2014 seiner Haushaltshilfe H seine Visa-Kreditkarte zur freien Nutzung, also für ihre eigenen Zwecke. Die Verfügungslinie lag bei 5.000 € monatlich. Die Karte war bis Oktober 2017 gültig. Es handelte sich um eine Kreditkarte im sog. Drei-Partner-System. Dem Karteninhaber ist es erlaubt, bei einem durch einen Rahmenvertrag mit dem Kreditkartenunternehmen verbundenen Vertragsunternehmen Waren unter Vorlage der Kreditkarte gegen Unterschrift auf einen Abrechnungsbeleg zu kaufen und den Kartenaussteller zu einer garantierten Zahlung gegenüber dem Vertragsunternehmen zu veranlassen. Die Überlassung der Karte an Dritte wird in den Vertragsbedingungen untersagt. Die Kreditkartenumsätze der H wurden von einem Kontokorrentkonto des V abgebucht. H tätigte in der Folgezeit zahlreiche Umsätze mit der Karte. Sie unterschrieb die nötigen Belege in den Läden auch mit dem Namen von V. V verstarb am 2.2.2015. Auch danach benutzte H die Kreditkarte in Kenntnis des Todes des V und in Kenntnis, dass das Vermögen des V jetzt dessen Erben zustanden, zu denen sie nicht gehörte.

Wie hat sich H strafbar gemacht?

I. H könnte sich mehrfach **wegen Betruges gemäß § 263 Abs.1** strafbar gemacht haben, indem sie in zahlreichen Läden unter Gebrauch der ihr überlassenen Kreditkarte Waren gekauft hat. Durch ihr Verhalten täuschte sie vor, die berechtigte Kreditkarteninhaberin zu sein. Aufgrund der **Garantiefunktion einer Kreditkarte** im sog. Drei-Partner-System macht sich der Verkäufer keine Gedanken über die Berechtigung des Benutzers der Kreditkarte. Mangels eines Irrtums aufseiten des Verkäufers hat sich H **nicht wegen Betruges** strafbar gemacht.

Fallkonstellationen des bargeldlosen Zahlungsverkehrs mit Kreditkarten, Tankkarten oder auf sonstige bargeldlose Weise sind von großer Prüfungsrelevanz.[108]

II. In dem Verhalten der H könnte ein **Computerbetrug gemäß § 263 a** zu sehen sein. Die der H von V überlassene Kreditkarte wurde im Laden in ein Lesegerät eingeschoben und H unterschrieb den Zahlungsbeleg mit dem Namen des V. Das könnte eine **unbefugte Verwendung von Daten** gemäß § 263 a Abs. 1 3. Alt. sein.

Teilweise wird der **Begriff „unbefugt" subjektivierend** ausgelegt. Entscheidend soll sein, ob die Verwendung der Daten dem Willen des Berechtigten widerspricht. Der berechtigte Karteninhaber V hat der H die Kreditkarte jedoch zur eigenen Nutzung quasi schenkungsweise überlassen. Diese Schenkung wirkt auch zulasten der Erben. Im Übrigen ist der Begriff „unbefugt" in § 263 a **betrugsspezifisch** auszulegen.[109] Dafür sprechen zum einen die Bezeichnung des Delikts und seine systematische Nähe zu § 263.

108 Beachte auch OLG Koblenz, RÜ 2015, 311 und BGH, RÜ 2015, 788.

109 Fischer § 263 a Rn. 11; Jäger JA 2015, 629, 631; Wessels/Hillenkamp BT 2 Rn. 613.

§ 263 a soll die Strafbarkeitslücken schließen, die dadurch entstehen, dass Maschinen nicht getäuscht werden können. Das Verhalten der H müsste **Täuschungscharakter** gehabt haben. Aufgrund der Garantiezusage des Kreditkartenunternehmens gegenüber dem Vertragsunternehmen hat es dem Handeln der H an der Täuschungsäquivalenz gefehlt.

H hat sich **nicht wegen Computerbetrugs nach § 263 a strafbar** gemacht.

III. H könnte sich des **Missbrauchs von Kreditkarten nach § 266 b** schuldig gemacht haben, indem sie die Kreditkarte des V zum Einkaufen gebraucht hat.

Die Kreditkarte wurde der H zwar von V überlassen. § 266 b aber ist ein **untreueähnliches Sonderdelikt**, welches das Vermögen des Kreditkartenausstellers gegen die missbräuchliche Benutzung durch den berechtigten Karteninhaber schützt.[110] **Täterqualität** hatte daher allein der berechtigte **Karteninhaber**, also der V, nicht dagegen die H.

H hat sich **nicht nach § 266 b** strafbar gemacht.

IV. In dem Verhalten der H könnte eine **Untreue nach § 266 Abs. 1 Alt. 1 – Missbrauchsvariante** – liegen.

1. Durch das Benutzen der Kreditkarte hat sie veranlasst, dass das Kartenunternehmen das Konto des V zu dessen Lebzeiten und auch nach dessen Tod mit den von ihr gemachten Umsätzen belastet hat. Durch ihr rechtsgeschäftliches Handeln hat H namens des V dessen Vermögen und das Vermögen der Erben – § 1922 BGB – verpflichtet.

2. Fraglich ist, ob H im Verhältnis zu V und zu dessen Erben eine **Vermögensbetreuungspflicht** hatte. Eine solche ist als **spezifische Garantenstellung für § 266** erforderlich.[111] Die Vermögensbetreuungspflicht setzt **die Pflicht zur fremdnützigen Vermögensfürsorge als Hauptpflicht voraus, die dem Vermögenspflichtigen ein Maß an Selbstständigkeit und Dispositionsmacht** gegenüber dem anvertrauten Vermögen zuspricht. Der Anvertrauende legt sein Vermögen gleichsam in die Hände des Vermögenspflichtigen, damit dieser sich in dessen Vermögensinteresse darum kümmert. Der Karteninhaber V hat der H die Karte jedoch nicht in seinem eigenen Interesse anvertraut, sondern er **überließ ihr die Karte zu deren eigenem Nutzen**. Es fehlte vorliegend an jedem Element einer fremdnützigen Vermögenssorge. Allein die Möglichkeit, auf das Vermögen des V Zugriff zu nehmen, hat H nicht zur Vermögensfürsorge verpflichtet. Sie handelte vollkommen eigennützig. Und das durfte sie auch, da der H ihr gleichsam mit der Erlaubnis zur Kartennutzung 5.000 € geschenkt hat. Solange die Erben diese Schenkung nicht widerrufen haben, wirkte diese Schenkung zu ihren Lasten. Eine Vermögensbetreuungspflicht zugunsten der Erben war daher nicht mit dem Tod des V eingetreten.

Der Fall zeigt, dass nicht jedes vermögensrelevante Verhalten zulasten fremden Vermögens als Untreue gemäß § 266 zu werten ist. In § 266 kann man nur ein Grundwissen erwarten. In der Regel führt eine enge Auslegung der Vermögensbetreuungspflicht zur Ablehnung des § 266. Nicht jede zivilrechtliche Vermögensverletzung ist eine strafrechtliche Verletzung der Vermögensbetreuungspflicht.

H hat sich **nicht wegen Untreue** strafbar gemacht.

---

110 Fischer § 266 b Rn. 2.

111 OLG Hamm, Beschl. v. 12.03.2015 – 1 RVs 15/15, RÜ 2015, 374; Jäger JA 2015, 629, 630; Wessels/Hillenkamp BT 2 Rn. 752, 770.

V. Möglicherweise hat sich H wegen **Urkundenfälschung nach § 267 Abs. 1** strafbar gemacht, indem sie die Abrechnungsbelege mit dem Namen des V unterschrieben hat.

Darin könnte das **Herstellen einer unechten Urkunde** liegen. Eine **Urkunde ist die Verkörperung einer menschlichen Gedankenerklärung, die zur Beweisführung im Rechtsverkehr geeignet und bestimmt ist und ihren Aussteller erkennen lässt.**[112] Das trifft auf den Abrechnungsbeleg zu. Er müsste im Ergebnis **unecht** sein. **Unecht ist die Urkunde, wenn derjenige, der als Aussteller aus der Urkunde scheinbar hervorgeht, nicht der wahre Aussteller ist = Identitätstäuschung**. Vorliegend ist zu beachten, dass V als Karteninhaber der H die Benutzung der Karte erlaubt hat. Mag H auch **körperlich** durch das Benutzen des Namens von V als wahre Ausstellerin auftreten, so durfte sie den V zivilrechtlich vertreten und das wollte sie auch. An dieser zivilrechtlichen Wirksamkeit ändert sich auch nichts, wenn die Kreditkartenunternehmen die Überlassung intern an Dritte untersagen.[113] V wollte und musste sich die Erklärung der H **„geistig"** zurechnen lassen.[114] Wahrer und scheinbarer Aussteller stimmen überein. **Die Urkunde ist echt**.

H hat sich daher **nicht wegen Urkundenfälschung** strafbar gemacht.

VI. H könnte sich durch den Gebrauch der Kreditkarte **wegen Unterschlagung nach § 246** strafbar gemacht haben. Als Tathandlung verlangt § 246 die **eindeutige, zweifelsfreie Betätigung eines Zueignungswillens.**[115] Mehrdeutige Verhaltensweisen werden nicht erfasst. In der bloßen Nutzung der Karte liegt ein neutrales Verhalten im Hinblick auf die Rechte an der Karte, die auch nicht die funktionsspezifische Verkörperung des Sachwertes darstellt. Im Übrigen hatte H auch keinen Zueignungswillen an der Karte selbst, da sie nur ihr Gebrauchsrecht an der Karte ausüben wollte.

Ergebnis: Das Verhalten der H war straflos.

---

112 Wessels/Hettinger BT 2 Rn. 790.

113 Jäger JA 2015, 629, 631.

114 Jäger JA 2015, 629, 631; aber RÜ 2015, 374.

115 Hoffmann-Holland/Kretschmer BT Rn. 883.

9. Teil: Raub

Fall 29: Gewaltsame Wegnahme von Drogen zum geplanten Verbrauch
(BGH, Beschl. v. 12.03.2015 – 4 StR 538/14, StraFo 2015, 216 = RÜ 7/2015, 439)

R stürmte in die Wohnung des W, schlug mit einer 60cm langen Holzlatte auf diesen ein, sodass dessen Nase brach, und nahm dem W wie geplant eine Plastikdose mit 6g Marihuana weg, indem er sie in einen Rucksack steckte. Dieses konsumierte er später auf einer Parkbank im Tiergarten mit seinen Kumpeln.

Wie hat sich R nach dem StGB strafbar gemacht?

I. Dadurch dass R mit der Holzlatte auf den W eingeschlagen hat, hat er dessen **körperliche Unversehrtheit nicht unerheblich beeinträchtigt** und zudem durch die Verletzung **einen krankhaften Zustand** verursacht. Diese körperliche Misshandlung und Gesundheitsschädigung nach § 223 Abs. 1 hat R **vorsätzlich** begangen. Da die Holzlatte in ihrer **konkreten Verwendung geeignet war, erhebliche Verletzungen beim Opfer hervorzurufen**, hat R die Körperverletzung mit einem **gefährlichen Werkzeug** i.S.d. § 224 Abs. 1 Nr. 2 begangen. Er handelte rechtwidrig und schuldhaft.

Die gefährliche Körperverletzung verdrängt als speziellere Qualifikation das Grunddelikt des § 223. W ist **strafbar wegen gefährlicher Körperverletzung nach § 224 Abs. 1 Nr. 2.**

II. R könnte sich wegen eines **besonders schweren Raubes nach §§ 249, 250 Abs. 2 Nr. 1** strafbar gemacht, indem er auf den W mit der Holzlatte einschlug, um dessen Marihuana zum Konsum an sich zu nehmen.

1. R hat die Drogen – eine im Eigentum eines anderen stehende Sache – eingesteckt und mitgenommen und so die ursprüngliche Sachherrschaft des W gegen dessen Willen gebrochen. W hat zu dieser **Wegnahme Gewalt** durch die Schläge eingesetzt.

2. R handelte **vorsätzlich**. Fraglich ist, ob R die **Absicht rechtswidriger Zueignung** gehabt hat. Die Bedenken ergeben sich daraus, dass R die Drogen konsumiert, verbraucht und dadurch zerstört hat. **Zueignungsabsicht** hat derjenige, der sich eine eigentümerähnliche Herrschaftsmacht anmaßt, indem er die Sache in ihrer Sachsubstanz oder einen funktionsspezifisch verkörperten Sachwert zumindest vorübergehend dem eigenen Vermögen einverleiben will und den Berechtigten dauerhaft aus dessen Eigentümerstellung verdrängen will.[116] Bezüglich der Aneignungskomponente ist Absicht erforderlich, während bezüglich der Enteignungskomponente bedingter Vorsatz ausreichend ist.

Sie sollten diese Definition im Groben beherrschen und auch verstehen, dass es dabei um die Abgrenzung der Aneignung zur Sachbeschädigung und der Enteignung zur Gebrauchsanmaßung geht.

Fremde Sachen verbrauchen darf allein der Eigentümer (§ 903 BGB). Darin liegt ohne weiteres die Enteignungskomponente. Fraglich ist, ob R sich die

116 BGH, Urt. v. 27.01.2011 –4 StR 502/10, RÜ 2011, 309; Hoffmann-Holland/Kretschmer BT Rn. 791 ff.; Rönnau JuS 2007, 806.

Sache, die Drogen, dem eigenen Vermögen einverleiben wollte. Sein Tun könnte sich allein in einer Zerstörung als Sachbeschädigung nach § 303 erschöpfen. **Wer eine Sache wegnimmt, um sie ausschließlich zu zerstören, zu vernichten, beiseitezuschaffen oder wegzuwerfen, will gerade nicht die Aneignungskomponente der Zueignung erfüllen** und wäre daher kein Dieb.[117] Vorliegend ist es jedoch so, dass gerade im bestimmungsmäßigen Verbrauch die Aneignung liegt. Die beste Form der Aneignung ist der Konsum der Sache.

R handelte in der Absicht rechtswidriger – er hatte keinen Anspruch auf die Drogen – Zueignung.

Wir empfehlen, mit § 250 Abs. 2 Nr. 1 zu beginnen, wenn der Räuber das Werkzeug tatsächlich verwendet. Nach dem BGH ist der Begriff des gefährlichen Werkzeugs in § 224 Abs. 1 Nr. 2 und § 250 Abs. 2 Nr. 1 identisch auszulegen. – wegen der Verwendung.

3. Dadurch dass R mit der Holzlatte auf den W eingeschlagen hat, hat er **bei dem Raub ein gefährliches Werkzeug gemäß § 250 Abs. 2 Nr. 1 verwendet**. Der miterfüllte § 250 Abs. 1 Nr. 1 tritt zurück.

4. R handelte **rechtswidrig** und **schuldhaft**.

R hat sich **wegen eines besonders schweren Raubes nach § 250 Abs. 2 Nr. 1 s**trafbar gemacht.

III. R hat sich zudem wegen **Hausfriedensbruchs gemäß § 123** strafbar gemacht.

Konkurrenzen und Ergebnis: R hat sich wegen eines besonders schweren Raubes in Tateinheit mit einer gefährlichen Körperverletzung und eines Hausfriedensbruchs strafbar gemacht: §§ 250 Abs. 2 Nr. 1, 224 Abs. 1 Nr. 2, 123, 52.

---

117 BGH, Beschl. v. 12.03.2015 – 4 StR 538/14, RÜ 2015, 439; Hoffmann-Holland/Kretschmer BT Rn. 795.

Fall 30: Finalzusammenhang zwischen Nötigung und Wegnahme beim Raub
(BGH RÜ 2014, 376)

A und B besuchten den F in dessen Wohnung. Über ein als unangemessen gewertetes Ansinnen erzürnt versetzte zunächst A und sodann die B dem F Schläge in das Gesicht. Die Nase bricht. Im Bewusstsein ihrer körperlichen Überlegenheit und in Ansehung des durch die Schläge deutlich eingeschüchterten F kamen A und B spontan darin überein, aus der Wohnung brauchbare Gegenstände mitzunehmen. Unter dem Eindruck der erlittenen Schläge ließ es F widerstandslos zu, dass A und B Schmuck im Wert von etwa 100 € zusammenpackten und mit nach Hause nahmen.

Wie haben sich A und B strafbar gemacht?

I. A und B könnten sich **wegen eines gemeinschaftlichen Raubes gemäß §§ 249 Abs. 1, 25 Abs. 2** strafbar gemacht, indem sie die Angst des F ausnutzten und Schmuck im Wert von 100 € mit sich nahmen.

1. Dadurch dass A und B Schmuck – für sie fremde, da im Eigentum des F stehende, bewegliche Sachen mit nach Hause genommen haben, haben sie die Sachherrschaft des F gegen dessen Willen gebrochen und neue eigene Sachherrschaft begründet. Eine **Wegnahme** liegt daher vor.

Durch solche Formulierung kann man in wenigen Worten und einer knappen Subsumtion das eindeutige Vorliegen eines Tatbestandsmerkmals darstellen. Im Wort „dadurch" stecken auch Kausalität und Zurechnung. Über diese beiden Momente muss und darf man in einer Klausur nur etwas sagen, wenn dort ein tatsächliches oder rechtliches Problem auftaucht.

A und B handelten aufgrund eines **gemeinsamen Tatentschlusses arbeitsteilig und planmäßig zusammen.** Sie sind Mittäter gemäß § 25 Abs. 2.

2. Durch die Schläge haben A und B **Gewalt** gegen F angewendet.

3. Fraglich ist vorliegend der **raubspezifische Finalzusammenhang** zwischen Gewalt und Wegnahme. Das ist fraglich, weil A und B mit den Schlägen Gewalt gegen F angewendet haben und zu diesem Zeitpunkt noch nichts wegnehmen wollten. Diesen Entschluss fassten die beiden erst nach der konkreten Gewaltanwendung, indem sie die Angst des F ausnutzten. Für den Raub nach § 249 müssen **die qualifizierte Nötigung und die Wegnahme final** miteinander verknüpft sein.[118] Der Einsatz des Nötigungsmittels muss zumindest in der Vorstellung des Täters als finales Mittel der Wegnahme eingesetzt werden. Hierin zeigt sich der erhöhte Unrechts- und Schuldgehalt zum Diebstahl. Gewalt oder Drohung dienen dem Täter final zur Durchsetzung der Wegnahme.

a) Eine finale Verknüpfung zwischen Nötigung und Wegnahme liegt vor, wenn die ursprünglich zu einem anderen Zweck eingesetzte Gewaltanwendung fortdauernd zu einem neuen Zweck, der Wegnahme eingesetzt wird.[119] Ebenso gilt das, wenn der Täter von einer ursprünglichen Gewaltanwendung zu einer konkludenten Drohung übergeht. Diese muss sich aber in einem unmissverständlichen Verhalten nach außen offenbaren. Eine solche **fortdauernde Zwangsanwendung** ist von der Ausnutzung ei-

118 BGH, Beschl. v. 25.02.2014 – 5 StR 41/14, RÜ 2014, 376; Hecker JuS 2014, 656, 657; Hoffmann-Holland/Kretschmer BT Rn. 898; Wessels/Hillenkamp BT 2 Rn. 350.

119 BGH, Urt. v. 08.05.2013 – 2 StR 558/12, RÜ 2013, 640; Wessels/Hillenlkamp BT 2 Rn. 361 ff.

ner **fortwirkenden Zwangswirkung** zu unterscheiden. Verbotene Finalität und bloße Ausnutzung sind zu unterscheiden.

In diesen Problemkreis gehört auch die Fallkonstellation, in der der Täter sein Opfer zunächst ohne einen Wegnahmevorsatz fesselt oder einsperrt und erst später diese andauernde Zwangslage zur Wegnahme ausnutzt. Der BGH (St. 48, 365) bejaht eine Gewaltanwendung durch garantenpflichtwidriges Unterlassen – strittig.

b) Vorliegend haben A und B den F geschlagen. Das taten sie allein aus Wut. Das taten sie nicht, um eine Wegnahme zu erreichen. Der Entschluss zur Wegnahme fiel erst nach der letzten Gewaltanwendung. Es lag bei A und B auch kein Verhalten wie etwa das Heben der Fäuste gegen F, auch nicht als eine konkludente Äußerung vor, die noch vor der Wegnahme des Schmucks eine konkludente Drohung mit Gewalt bedeutete. A und B nutzten **allein die fortdauernde Zwangswirkung**, die Angst des schutzlos ausgelieferten F aus. Wer nur die andauernde Furcht vor weiteren Einwirkungen des eingeschüchterten Opfers zur Wegnahme ausnutzt, verknüpft nicht Nötigung und Wegnahme im raubspezifischen finalen Sinn.

A und B haben allein die andauernde Wirkung einer anderweitig motivierten Nötigung zur Wegnahme ausgenutzt. Ein **raubspezifischer Finalzusammenhang ist nicht** gegeben.

A und B haben sich **nicht wegen Raubes nach § 249** strafbar gemacht.

Es wäre daher eine überflüssige Streitdarstellung, wenn – wie sooft – reflexartig der Streit dargestellt werden würde, ob die Erpressung eine Vermögensverfügung verlangt.

II. Da auch bei der räuberischen Erpressung zwischen dem Einsatz des qualifizierten Nötigungsmittels und dem abgenötigten Verhalten – welcher Rechtsnatur dieses auch immer sein muss – ein finaler Zusammenhang bestehen muss,[120] haben sich A und B auch **nicht wegen räuberischer Erpressung nach § 255** strafbar gemacht.

III. Durch die Mitnahme des Schmucks haben sich A und B des **mittäterschaftlichen Diebstahls nach §§ 242 Abs. 1, 25 Abs. 2** schuldig gemacht. Allein Angst und Furcht begründen keine Hilfslosigkeit im Sinne § 243 Abs. 1 Nr. 6.

IV. Durch die Schläge haben A und B die **körperliche Unversehrtheit** des F nicht unerheblich beeinträchtigt und zudem einen **krankhaften Zustand** hervorgerufen, sodass der objektive Tatbestand des § 223 Abs. 1 erfüllt ist. A und B handelten **vorsätzlich** und **rechtswidrig** und **schuldhaft**. Sie handelten gemeinschaftlich i.S.d. § 224 Abs. 1 Nr. 4. Die gefährliche Körperverletzung verdrängt als Qualifikation das Grunddelikt des § 223.

Konkurrenzen und Ergebnis: Der gemeinschaftliche Diebstahl (§§ 242, 25 Abs. 2) und die gefährliche gemeinschaftliche Körperverletzung nach § 224 Abs. 1 Nr. 4 stehen unverbunden nebeneinander, die Wegnahme erfolgte gelegentlich der Körperverletzung. Daher besteht Tatmehrheit nach § 53: A und B haben sich wegen mittäterschaftlichen Diebstahls in Tatmehrheit mit gemeinschaftlicher Körperverletzung strafbar gemacht.

---

120 Wessels/Hillenkamp BT 2 Rn. 726.

Fall 31: Irrtum über die Bezahlung eines Drogengeschäfts
(BGH, Beschl. v. 23.07.2008 – 5 StR 46/08, RÜ 2008, 643)

Nach reichlichem Alkoholkonsum beschlossen I und W, ihrem Bekannten T einen Denkzettel zu verpassen. I war über T verärgert, weil dieser entgegen seinem Versprechen unberechtigt von I eingezogene 20 € nicht zurückgezahlt hatte. W war auf T eifersüchtig. Er glaubte, dieser habe versucht, mit seiner damaligen Freundin sexuell zu verkehren. W bewaffnete sich mit einer Eisenstange mit angeschweißtem Griff („Tonfa"). Gegen 2.30 Uhr drangen W und I in die Wohnung des T ein, attackierten diesen schon an der Wohnungstür und nachfolgend im Schlafzimmer mit Faustschlägen. Währenddessen entschlossen sie sich, von T Geld einzutreiben, nämlich „Schulden aus früheren Drogengeschäften". Nachdem T auf das von W geäußerte Verlangen nach Geld gesagt hatte, er hätte keines, durchsuchte I die Schränke. W hielt T mit der Eisenstange in Schach und schlug so heftig auf ihn ein, dass es u.a. zu Frakturen am Nasenbein und an zwei Mittelhandknochen der rechten Hand kam. I hatte kein Geld gefunden und nahm zwei Mobiltelefone mit, um zu verhindern, dass T die Polizei verständigen konnte.
Strafbarkeit von I und W? Ein Strafantrag ist nicht gestellt.

I. Durch das einvernehmliche Attackieren und spätere Einschlagen mit der Eisenstange auf T haben I und W eine **gefährliche Körperverletzung** gemäß **§§ 223, 224 Abs. 1 Nr. 2** – Eisenstange als gefährliches Werkzeug –, **Nr. 3** – mit einem anderen Beteiligten gemeinschaftlich –, in **Mittäterschaft** gemäß **§ 25 Abs. 2** begangen.

II. Ein **gemeinschaftlich** begangener **Raub** gemäß **§§ 249 Abs. 1, 25 Abs. 2** bezüglich der mitgenommenen Mobiltelefone scheidet dagegen aus. Wenn auch der äußere Tatbestand mit einer gemeinschaftlich begangenen gewaltsamen Wegnahme dieser fremden beweglichen Sachen verwirklicht ist, fehlte beiden Tätern bei der Wegnahme die notwendige Zueignungsabsicht: Sie wollten lediglich verhindern, dass das Opfer durch Nutzung der Mobiltelefone die Polizei verständigen konnte. Dieses mag den Enteignungsvorsatz erfüllen, eine Aneignungsabsicht – etwa die Geräte selbst nutzen bzw. verkaufen zu wollen – liegt nicht vor.

III. Allerdings könnten I und W einen als Verbrechen strafbaren **versuchten gemeinschaftlichen Raub nach §§ 249 Abs. 1, 25 Abs. 2, 22** im Hinblick auf das geforderte Geld begangen haben, indem sie auf T eindrangen und Behältnisse nach Geld durchsuchten.

Der Sachverhalt gibt keine Veranlassung, auf Abgrenzungsfragen zu Raub/Erpressung einzugehen; bei offensichtlich gewollter Wegnahme ist stets in der Prüfung mit § 249 zu beginnen.

1. I und W hatten noch während ihrer Gewaltanwendung den Tatentschluss gefasst, gemeinschaftlich mit Gewalt gegen T eine fremde bewegliche Sache, nämlich dessen Geld, wegzunehmen. Außerdem hatten beide die Vorstellung, dieses Geld als Sache unter Verdrängung des Eigentümers zu enteignen und sich bzw. dem anderen Mittäter anzueignen.

Die Täter müssten auch in der Vorstellung gehandelt haben, dass die in Aussicht genommene Zueignung rechtswidrig – mithin im Widerspruch zum Zivilrecht – stehen würde.[121] Sie wollten mit ihrem Tun „Schulden aus

121 Siehe zur Wegnahme des Lohns einer Prostituierten BGH, Beschl. v. 21.07.2015 – 3 StR 104/15, RÜ 2015, 786.

früheren Drogengeschäften" eintreiben. Fraglich ist, wie sich ein derartiger Bestand einer Forderung bzw. eine irrige Vorstellung hierüber auf § 249 Abs. 1 auswirkt.

a) Bei fälligen und einredefreien Speziesansprüchen auf die weggenommene Sache erfolgt die Zueignung durch den Anspruchsinhaber nicht rechtswidrig im Sinne der Eigentumsordnung. Der Täter führt vielmehr den von ihm gewollten Zustand herbei, denn er kann dem Herausgabeverlangen des Eigentümers den Einwand der Pflicht zur alsbaldigen Rückgewähr (§ 242 BGB) entgegenhalten. Eigentumsdelikte scheiden daher aus, es verbleibt dann bei einer möglichen Strafbarkeit aus §§ 240, 223.

b) Dagegen verletzt bei Gattungsschulden die Wegnahme einer entsprechenden Zahl von Gattungssachen die Eigentumsordnung, da allein der Schuldner die Konkretisierungsbefugnis hat, welche Sache von mittlerer Art und Güte (§ 243 Abs. 1 BGB) er leisten will; mithin ist die eigenmächtige Auswahl durch den Gläubiger objektiv rechtswidrig.

c) Eine Sonderstellung nehmen Geldansprüche ein:

aa) So vertritt das Schrifttum die Ansicht, dass auch die Zueignung der eigenmächtig weggenommenen Geldstücke bzw. -scheine durch den Gläubiger objektiv rechtmäßig bleibt, da Geld als körperlicher Gegenstand austauschbar ist und seine Funktion als Träger einer jeweiligen Wertsumme im Vordergrund steht.[122]

bb) Demgegenüber vertritt der BGH die Ansicht,[123] dass wegen des Leistungsbestimmungsrechts des Schuldners die Zueignung der konkret weggenommenen Geldmittel objektiv rechtswidrig ist und auch das Selbsthilferecht aus § 229 BGB die eigenmächtige Zueignung nicht gestattet. Gemäß § 230 Abs. 2 BGB ist im Falle der Wegnahme von Sachen deren dingliche Arrestierung zu beantragen, keineswegs darf der Gläubiger die eigenmächtige Befriedigung herbeiführen.

Vorliegend bedarf dieser Streit keiner Entscheidung, da I und W hier als Drogenverkäufer zivilrechtlich – unabhängig von der Einordnung dieser Schuld – gar kein Zahlungsanspruch gegen T zustand:[124] Der Kaufvertrag über die Drogen war wegen eines Verstoßes gegen ein gesetzliches Verbot (§ 29 Abs. 1 Nr. 1 BtMG) gemäß § 134 BGB nichtig. Bereicherungsrechtliche Zahlungsansprüche (§§ 812 Abs. 1 S. 1 Alt. 1, 818 Abs. 2 BGB) scheitern an § 817 S. 2 BGB.

d) Allerdings könnten sich I und W – in zweifacher Hinsicht – in einem beachtlichen Irrtum über die Berechtigung des Bestehens eines Zahlungsanspruches befunden haben.

1. Irrtum: Irrige Einordnung der Geldschuld als Speziesschuld

aa) So werden in der Bevölkerung Geldschulden nicht als Gattungsschulden eingeordnet, vielmehr ist der Irrtum weit verbreitet, dass ein Gläubiger einer Geldforderung jeweils die gerade im Besitz des Schuldners befindlichen Geldmittel als die ihm unmittelbar und nicht nur vertretungsweise geschuldeten beanspruchen, dass er mithin die Geldforderung als Speziesschuld durchsetzen darf. Deshalb ist bei eigenmächtiger Wegnahme einer

122 Hoffmann-Holland/Kretschmer BT Rn. 810.

123 BGH, Urt. v. 12.01.1962 – 4 StR 346/61, BGHSt 17, 87 ff.

124 Vgl. BGH, Urt. v. 07.08.2003 – 3 StR 137/03, RÜ 2003, 500.

irrigerweise für die geschuldet gehaltene Sache nach dem BGH regelmäßig ein beachtlicher Tatbestandsirrtum anzunehmen (BGHSt 17, 91). Danach könnte erwogen werden, dass sich auch I und W in einem Tatbestandsirrtum befunden hätten.

2. Irrtum: Irrige Annahme zivilrechtlicher Forderungen aus Drogengeschäften

bb) Vorliegend ist allerdings zu berücksichtigen, dass sich die beiden Täter noch in weiterer Hinsicht geirrt hatten. Über die irrige Annahme hinaus, Geldschulden als „Speziesschulden" behandeln zu können, glaubten sie, dass ihnen tatsächlich Forderungen aus dem illegalen Drogengeschäft zustehen würden.

Der BGH stellt konsequent allein auf den zivilrechtlichen Bestand der Forderung ab und nicht etwa auf einen strafrechtlichen Forderungsbegriff!

Dieser Irrtum über das normative Merkmal „Rechtswidrigkeit der erstrebten Bereicherung" bei der Erpressung oder Rechtswidrigkeit der erstrebten Zueignung beim Raub ist nur dann als beachtlich i.S.v. § 16 Abs. 1 einzustufen, soweit der Täter angenommen hatte, eine Forderung zu besitzen, die auch mit Aussicht auf Erfolg gerichtlich einklagbar sei.[125] Dagegen liegt ein beachtlicher Irrtum über das Bestehen eines solchen Anspruchs nicht vor, wenn sich der Nötigende lediglich nach den Anschauungen der einschlägig kriminellen Kreise als berechtigter Inhaber eines Zahlungsanspruchs gegen das Opfer fühlt. Die vorgestellte Forderung muss im Einklang mit der Zivilrechtsordnung stehen.

Demnach befanden sich I und W nicht in einem Tatbestandsirrtum, sie handelten vielmehr mit dem erforderlichen Tatentschluss zur Begehung eines Raubes und der notwendigen Absicht rechtswidriger Zueignung.

2. Da sie **unmittelbar** zur Tat **angesetzt** und **rechtswidrig** sowie **schuldhaft** gehandelt haben, sind sie wegen eines versuchten gemeinschaftlichen Raubes gemäß §§ 249, 22, 25 Abs. 2 strafbar.

IV. Durch den Einsatz der Eisenstange haben I und W zugleich **versucht, mittäterschaftlich** einen **besonders schweren Raub** gemäß **§§ 249, 250 Abs. 2 Nr. 1, 22, 25 Abs. 2** zu begehen. Das von ihnen eingesetzte Tonfa stellt eine Waffe i.S.d. § 250 Abs. 2 Nr. 1 dar, die sie bei der Tat verwendet haben.

V. Der zugleich verwirklichte **versuchte schwere Raub** gemäß **§§ 249, 250 Abs. 1 Nr. 1 a, 22, 25 Abs. 2** tritt im Wege der Gesetzeskonkurrenz (Spezialität) hinter dem besonders schweren Raub zurück.

Nach dem BGH genügt für die Erpressung jedes Tun, Dulden oder Unterlassen, das vermögensmindernd ist.

VI. Soweit die Täter in Übereinstimmung mit dem BGH zugleich eine **räuberische Erpressung** gemäß **§§ 255, 22, 25 Abs. 2** versucht haben, tritt diese als lex generalis hinter dem spezielleren Raub zurück.[126]

VII. Schließlich könnten I und W **gemeinschaftlich** einen **erpresserischen Menschenraub** gemäß **§§ 239 a Abs. 1, 25 Abs. 2** begangen haben. Da T das Opfer in Schach gehalten hat, hatte er sich des Opfers durch Erlangung anhaltender physischer Gewalt bemächtigt. Dieses geschah auch – zumindest auf der Grundlage des BGH – in erpresserischer Absicht, da die Verwirklichung des geplanten Raubes zugleich eine geplante Erpressung darstellt,[127] die lediglich aus Gründen der Konkurrenz im Schuldspruch nicht

125 BGH, Urt. v. 07.08.2003 – 3 StR 137/03, RÜ 2003, 500.
126 Zum Streitstand Fischer § 253 Rn. 10, 11; Hoffmann-Holland/Kretschmer BT Rn. 955 ff.
127 BGH, Urt. v. 05.03.2003, 2 StR 494/02, NStZ 2003, 604.

erscheint. Allerdings ist der Tatbestand wegen der hohen Strafandrohung im Zwei-Personen-Verhältnis teleologisch einzuschränken.[128] Zum einen muss der Täter eine eigenständige Bemächtigungssituation und eine gewisse Stabilisierung der Lage erreicht haben, zum anderen muss er unterschiedliche Nötigungsmittel im Hinblick auf die Tathandlung des § 239 a und der in Aussicht genommenen Erpressung einsetzen. Hieran hat es vorliegend gefehlt. Als Druckmittel wurde ausschließlich das Tonfa eingesetzt bzw. der weitere Einsatz hiermit angedroht. Das Zwangsmittel des Raubes und des Sichbemächtigens waren identisch.

Mithin scheidet ein erpresserischer Menschenraub aus.

Mehr darf zu diesen Delikten wirklich nicht gesagt werden!

VIII. Die mitverwirklichten Delikte der **gemeinschaftlichen Nötigung** gemäß **§§ 240 Abs. 1, 25 Abs. 2** (Duldung der Wohnungsdurchsuchung) sowie eines **gemeinschaftlich versuchten Diebstahls mit Waffen** gemäß **§§ 244 Abs. 1 Nr. 1 lit. a, 25 Abs. 2** werden im Wege der Gesetzeskonkurrenz von dem versuchten Raubdelikt verdrängt.

IX. Der gemeinschaftliche **Hausfriedensbruch, §§ 123 Abs. 1 Alt. 1, 25 Abs. 2**, ist mangels Strafantrages nicht verfolgbar.

Ergebnis: I und W sind wegen gemeinschaftlich begangenen versuchten besonders schweren Raubes in Tateinheit mit gefährlicher Körperverletzung gemäß §§ 249, 250 Abs. 2 Nr. 1 lit. a, 223, 224 Abs. 1 Nr. 1, Nr. 3, 25 Abs. 2, 52 strafbar.

128 BGH, Beschl. v. 22.11.1994 – GSSt 1/94; GrSen BGHSt 40, 350.

Fall 32: Lippenpflegestift als Raubmittel
(BGH, Urt. v. 18.01.2007 – 4 StR 394/06, RÜ 2007, 198; Beschl. v. 20.06.1996 – 4 StR 147/96, NJW 1996, 2663)

Die A begab sich in der Absicht, einen Überfall zu verüben, in ein Geschäftslokal. Als ihr die dort tätige Verkäuferin den Rücken zuwandte, holte die A aus ihrer Handtasche einen Lippenpflegestift („Labello"), trat hinter die Verkäuferin und drückte ihr eine Ecke des Stiftes in den Rücken. Sie beabsichtigte, bei der Geschädigten die Vorstellung hervorzurufen, mit einer Waffe bedroht zu werden. Unter dem Eindruck des ihr von der A weiterhin in den Rücken gehaltenen Labello-Stiftes, den die Verkäuferin für die Spitze eines Messers, einer Schere oder eines ähnlich gefährlichen Gegenstandes hielt, ließ sie es zu, dass die A in die Kasse griff, dieser 280 € entnahm und das Geschäftslokal verließ.

Strafbarkeit der A?

I. A könnte einen **Raub** gemäß **§ 249 Abs. 1** begangen haben, als sie nach Einsatz des Labello-Stiftes mit dem Geld das Geschäftslokal verließ.

1. Dann müsste die A unter Anwendung von Drohungen mit gegenwärtiger Gefahr für Leib oder Leben gehandelt haben.

Eine Drohung liegt vor, wenn der Täter ein künftiges Übel in Aussicht stellt, auf dessen Eintritt er Einfluss hat oder zu haben vorgibt und dessen Verwirklichung er nach dem Inhalt seiner Äußerung für den Fall des Bedingungseintritts will.

A drückte dem Opfer eine Ecke des Stiftes in den Rücken und wollte in ihm den Eindruck hervorrufen, dass es sich hierbei um eine Waffe handelte. Tatsächlich stand das Opfer auch unter diesem Eindruck und hatte Furcht, dass die A mit diesem gefährlichen Gegenstand zustechen könnte. Aus Angst um Leib und Leben ließ das Opfer die A gewähren.

Beachte: A will auch täuschen, deshalb § 263 nicht vergessen!

2. A nahm daraufhin Geldscheine – fremde bewegliche Sachen – im Wert von 280 € weg. Sie hat Gewahrsam der Verkäuferin bzw. des Geschäftsherrn gebrochen und neuen Gewahrsam spätestens mit Verlassen des Geschäfts begründet.

3. A handelte vorsätzlich und in der Absicht rechtswidriger Zueignung. Rechtfertigungs- und Entschuldigungsgründe lagen nicht vor.

Ergebnis: Die A ist wegen Raubes gemäß § 249 Abs. 1 strafbar.

II. Des Weiteren könnte die A einen **schweren Raub** gemäß **§ 250** begangen haben.

Genaue Bezeichnung der Absätze kann (noch) unterbleiben.

1. In Betracht kommt ein schwerer Raub nach **§ 250 Abs. 2 Nr. 1**.

Bietet der Sachverhalt hierfür Anlass, mit Abs. 2 beginnen, da er als lex specialis dem Abs. 1 vorgeht: So kann Zeit gespart werden!

Dann müsste die A bei der Tat eine Waffe oder ein anderes gefährliches Werkzeug verwendet haben. Bei dem eingesetzten Labello-Stift könnte es sich um ein derartiges „anderes gefährliches Werkzeug" handeln. Nach dem BGH ist in § 250 Abs. 2 Nr. 1 aufgrund der Verwendung der Begriff des gefährlichen Werkzeugs in § 224 Abs. 1 Nr. 2 und § 250 Abs. 2 Nr. 1 identisch auszulegen.[129] Ein Labello-Stift ist als Scheinwaffe in keiner Weise geeignet, erhebliche Verletzungen zu bewirken.

Eine Strafbarkeit aus § 250 Abs. 2 Nr. 1 scheidet aus.

2. A könnte sich wegen eines schweren Raubes i.S.v. **§ 250 Abs. 1 Nr. 1 lit. b** strafbar sein.

Dann müsste sie beim Raub ein Werkzeug bei sich geführt haben, um den Widerstand einer anderen Person durch Gewalt oder Drohung mit Gewalt zu verhindern oder zu überwinden.

Vorliegend setzte die A den Labello-Stift ein, um die Verkäuferin aus Angst um ihr Leben gefügig zu machen. Fraglich ist, ob es sich bei dem Einsatz des Labello-Stiftes um ein sonstiges Werkzeug i.S.d. Vorschrift handelt.

Neuregelung der „Scheinwaffe"

a) Durch Neufassung des § 250 Abs. 1 Nr. 1 lit. a und lit. b und der insoweit vorgenommenen Differenzierung des „gefährlichen Werkzeugs" (§ 250 Abs. 1 Nr. 1 lit. a) und des sonstigen Werkzeugs mit Verwendungsabsicht (§ 250 Abs. 1 Nr. 1 lit. b) hat der Gesetzgeber insbesondere das Verwenden von sogenannten Scheinwaffen durch Schaffung des Auffangtatbestandes in § 250 Abs. 1 Nr. 1 lit. b geregelt. Danach ist nicht mehr eine von dem Werkzeug ausgehende objektive Gefahr für Leib und Leben entscheidend. Ausreichend ist bereits eine vergleichbare Bedrohungswirkung, die von dem eingesetzten Werkzeug ausgehen kann.

Danach hätte sich die A objektiv qualifizierend nach § 250 Abs. 1 Nr. 1 lit. b verhalten.

b) Allerdings scheiden solche Gegenstände aus der Anwendbarkeit der Qualifizierung aus, die offensichtlich ungefährlich und nicht geeignet sind, auf den Körper eines anderen in erheblicher Weise einzuwirken, insbesondere Gegenstände, deren Täuschungseffekt nicht im Erscheinungsbild des wahrgenommenen Gegenstandes selbst besteht und die daher nicht den „Schein einer Waffe begründen können", sondern lediglich eine entsprechende Täuschungswirkung erzielen, fallen aus dem Anwendungsbereich der Norm heraus.[130]

Hier setzte die A den Labello-Stift allein zur Täuschung über dessen wahre Eigenschaft gegenüber der Verkäuferin ein und nutzte deren – durch den Irrtum hervorgerufene – Ängstlichkeit zur Tatbegehung aus.

Damit hat die A keinen qualifizierten Raub begangen.

III. A hat sich durch ihr Verhalten wegen **Nötigung** gemäß **§ 240 Abs. 1** und wegen **Diebstahls** gemäß **§ 242 Abs. 1** strafbar gemacht.

Nicht vergessen bei „Scheinwaffen"

IV. Überdies könnte die A einen **Betrug** gemäß **§ 263 Abs. 1** begangen haben, als sie den Labello-Stift als scheinbare „Waffe" gegen die Verkäuferin einsetzte.

Dann müsste die A über Tatsachen getäuscht haben. Mit ihrem Verhalten und Einsatz des Labello-Stiftes erklärte die A zugleich gegenüber der Ver-

---

129 BGH, Beschl. v. 12.03.2015 – 4 StR 645/14, RÜ 2015, 439; dazu Fischer § 250 Rn. 6a.

130 BGH, Urt. v. 18.01.2007 – 4 StR 394/06, RÜ 2007, 198: so auch für ein dünnes (verdecktes) Metallrohr, mit dem der Eindruck einer Schusswaffe erweckt werden soll.

käuferin in schlüssiger Weise, dass sie bei der Tat eine Waffe bzw. ein gefährliches Werkzeug verwenden würde.

Allerdings ist vorliegend zu berücksichtigen, dass sich die Verkäuferin aufgrund des vermeintlichen Drohungspotenzials passiv verhielt. Diese Drohung konnte die A aber nur dadurch erreichen, dass sie zugleich über die Gefährlichkeit des scheinbar eingesetzten Werkzeugs täuschte. Mithin bedingt die Täuschung das Vorhandensein einer für die Tatausführung weiter notwendigen Drohung.

Nach einer Ansicht[131] fehlt bei derartiger Tatbegehung der Täuschung insoweit die Tatbestandsmäßigkeit i.S.v. § 263 Abs. 1, da sie als solche lediglich die Drohung verstärkt. Nach anderer Ansicht wird ein mitbegangener Betrug von dem sodann spezielleren Gewaltdelikt – in der Regel einer räuberischen Erpressung – verdrängt.

Jedenfalls scheidet nach allen Ansichten eine Strafbarkeit der A nach § 263 Abs. 1 aus.

Konkurrenzen und Ergebnis: A ist wegen Raubes gemäß § 249 Abs. 1 strafbar. Die zugleich verwirklichte Nötigung und der Diebstahl treten im Wege der Gesetzeskonkurrenz als durch § 249 Abs. 1 mitverwirklicht zurück.

131 BGH, Urt. v. 30.06.1970 – 1 StR 127/70, BGHSt 23, 294; Wessels/Hillenkamp BT 2 Rn. 724.

10. Teil: (Räuberische) Erpressung; Raub mit Todesfolge

Fall 33: Räuberische Erpressung durch gewaltsame Wegnahme einer Sache ohne Zueignungsabsicht
(BGHSt 14, 387 f.)

Der A ließ sich vom Taxifahrer T zum Bahnhof fahren. Unterwegs bat er den Fahrer, anzuhalten, da er austreten müsse. Als er zum Taxi zurückkam, zog er plötzlich eine geladene Gaspistole aus der Tasche und gab zwei Schüsse auf den im Wagen sitzenden Taxifahrer ab. Mindestens ein Schuss traf den Taxifahrer ins Gesicht und zwang ihn zum Verlassen des Fahrzeugs. Der A setzte sich selbst ans Steuer und fuhr mit dem Taxi weg. Er fuhr einige Zeit in der Gegend umher, brach dann die Fahrt ab und stellte sich der Polizei. Dabei erklärte er unwiderlegt, er habe sich aus einer „Laune" heraus gewaltsam in den Besitz des Taxis gesetzt, da er so gerne einmal habe Auto fahren wollen.

Strafbarkeit des A? Etwa erforderliche Strafanträge sind gestellt.

Beachte: Mord und Totschlag scheiden angesichts des Tatmittels aus.

I. A könnte einen **Raub** gemäß **§ 249 Abs. 1** begangen haben, als er zwei Schüsse auf den Taxifahrer abgab und anschließend mit dem Taxi davonfuhr.

1. A setzte gegen T **Gewalt** ein, als er ihm mit der Gaspistole ins Gesicht schoss. Mittels dieser Gewaltanwendung nahm er anschließend das Taxi weg, als er durch Wegfahren vom Tatort den Gewahrsam des T brach und eigenen Gewahrsam begründete.

Beachte: Fehlt bei gewalttätiger Wegnahme die Zueignungsabsicht, wird in der Regel der Streitstand „Raub/Erpressung" bedeutsam.

2. A handelte **vorsätzlich**. Zweifel bestehen an der **Zueignungsabsicht**. A handelte nicht in der Vorstellung, den berechtigten Taxifahrer auf Dauer zu enteignen. Vielmehr wollte er das Taxi nur vorübergehend ohne erhebliche Substanzverletzung oder Wertminderung gebrauchen (sogenanntes furtum usus).

Die Strafbarkeit eines Raubes scheidet aus.

II. Des Weiteren hat der A durch Umherfahren mit dem Taxi **§ 248 b Abs. 1** verwirklicht.

III. Ein **Raub** gemäß **§ 249 Abs. 1** an dem im Tank befindlichen Betriebsstoff scheidet aus, da A keinen Diebstahl gemäß § 242 Abs. 1 hieran begangen hat. Der Verbrauch des Benzins ist vom Tatbestand des § 248 b notwendigerweise miterfasst.

IV. Schließlich könnte A eine **räuberische Erpressung (§§ 253, 255)** begangen haben.

1. A ging gegen T mit **Gewalt** vor.

2. Fraglich ist allerdings, ob er auch den **Erpressungstatbestand** erfüllt hat.

Dann müsste er den T zu einer Handlung, Duldung oder Unterlassung genötigt und dadurch dem Vermögen des T Nachteil zugefügt haben.

Infolge der Gewaltanwendung war T gezwungen, das Fahrzeug zu verlassen und das Wegfahren von A zu dulden.

a) Nach dem BGH,[132] dem jetzt wieder viele im Schrifttum folgen, gilt die Erpressung, die alle Voraussetzungen einer Nötigung gemäß § 240 Abs. 1 in sich trägt und deshalb einen Sonderfall des § 240 Abs. 1 darstellt, als allgemeiner Auffangtatbestand in denjenigen Fällen, in denen der Täter Nötigungsmittel zwecks Vermögensverschiebung einsetzt. Deshalb soll es ausreichen, wenn irgendeine Handlung, Duldung oder Unterlassung des genötigten Opfers mit Vermögensschaden vorliegt. Die Erpressung wird kriminalpolitisch zu einem umfassenden Vermögensdelikt. Die Rechtsnatur des abgenötigten Verhaltens ist dem BGH egal. Soweit im Einzelfall neben einer räuberischen Erpressung zugleich alle Voraussetzungen des Raubes vorliegen, wird der Täter nur aus derjenigen Norm (Raub oder Erpressung) bestraft, deren Voraussetzungen nach dem äußeren Erscheinungsbild gegeben sind. Ein Raub ist durch äußerliches „Wegnehmen", die Erpressung durch äußerliche „Weggabe" gekennzeichnet, wobei die Erpressung formal auch eine Wegnahme erfasst. Raub ist demnach lex specialis zur räuberischen Erpressung. Die Abgrenzungsfrage stellt sich indes nur in den Fällen, in denen tatsächlich beide Tatbestände gleichermaßen verwirklicht sind.

Vorliegend beging A jedoch keinen Raub, sodass es nach dieser Ansicht bei der Strafbarkeit aus einer räuberischen Erpressung (§§ 253, 255) bleibt.

b) Demgegenüber wird im Schrifttum[133] vertreten, dass – wie Diebstahl und Betrug – auch Raub und Erpressung ohne Überschneidungen gegeneinander abzugrenzen sind – Exklusivitätsverhältnis. Die Begehung eines Raubes ist gekennzeichnet durch eine Wegnahme des Täters als gewahrsamsbrechendes Vorgehen – Fremdschädigung. Dagegen setzt die Erpressung eine Vermögensverfügung des Genötigten voraus, dass der Vermögensverlust notwendig eine freiwillige Willensbetätigung des Opfers verlangt – Selbstschädigung. Das weite Verständnis der Rspr. würde die Privilegierung etwa des § 248 b unterlaufen.

Nach dieser Ansicht scheidet eine räuberische Erpressung aus. Zum Verlust des Besitzes am Taxi war es nicht mehr erforderlich, dass T seinen Willen betätigte. Das Aussteigen beschleunigte zwar die Tat, indes hätte A nach dem Schuss in das Gesicht des wehrlosen T diesen auch mit wenigen Handgriffen gewaltsam aus dem Fahrzeug entfernen können.

c) Der Wortlaut des § 253 verdeutlicht, dass es sich um den Sonderfall einer Nötigung handelt, diese allerdings mit Vermögensbezug. Danach genügt jedes vermögensmindernde Tun, Dulden oder Unterlassen. Angesichts der – in § 255 sogar qualifizierten – Nötigungsmittel ist für die Annahme einer Vermögensverfügung kein Raum. Die dem Betrug entlehnte Vermögensverfügung passt nicht zum Erpressungstatbestand, weil ein erzwungenes Verhalten des Opfers keine Verfügung sein kann. Angst schließt Freiwilligkeit aus.

Problem erkennen und vertretbar lösen.

Das abgenötigte Verhalten des T ist als tatbestandsmäßig anzusehen.

---

132 BGH, Urt. v. 27.01.2011 – 4 StR 502/10, RÜ 2011, 309; Urt. v. 05.07.1960 – 5 StR 80/60, BGHSt 14, 386; Jäger Examensrepetitorium BT Rn. 376; Rönnau JuS 2012, 888.

133 Hoffmann-Holland/Kretschmer BT Rn. 956 ff.; Wessels/Hillenkamp BT 2 Rn. 712.

3. Dem **Vermögen** des T müsste ein **Nachteil** zugefügt worden sein. T verlor den Besitz an seinem Fahrzeug, ihm wurde das Taxi während des Zeitraums des Vorenthaltens für gewinnbringende Fuhren entzogen. Damit entstand T unter wirtschaftlichen Gesichtspunkten ein materieller Schaden.

4. A handelte **vorsätzlich** und überdies in der **Absicht**, sich zu Unrecht (gemeint: zivilrechtlich rechtswidrig) **zu bereichern**, da er für einen gewissen Zeitraum das Taxi mit seiner Gebrauchsfähigkeit als Kraftfahrzeug benutzen wollte.

5. Dieser von A erstrebte Vorteil entsprach stoffgleich dem bei T eingetretenen wirtschaftlichen **Schaden**.

6. A handelte **rechtswidrig** i.S.v. § 253 Abs. 2 sowie **schuldhaft**.

A ist wegen räuberischer Erpressung gemäß §§ 253, 255 strafbar.

V. A könnte eine **schwere räuberische Erpressung** gemäß **§§ 253, 255, 250** begangen haben.

§§ 249, 252, 255 eröffnen den Zugriff auf §§ 250, 251!

1. Nach Bejahung des § 255 ist der Täter „gleich einem Räuber" zu bestrafen.

Hiermit ist nicht nur der Strafrahmen des § 249 gemeint, sondern zugleich sind die Qualifikationen eines Raubes gemäß §§ 250, 251 eröffnet.

2. A könnte sich gemäß § 250 Abs. 2 Nr. 1 strafbar gemacht haben.

Dann müsste er bei der Tat eine Waffe verwendet haben. Ausgehend von der Geltung eines sogenannten strafrechtlichen Waffenbegriffs sind hierunter bewegliche Sachen zu verstehen, die ihrer Art nach zur Verursachung erheblicher Verletzungen von Personen generell geeignet und bestimmt sind. Eine funktionstüchtige und geladene Gaspistole, bei der – wie üblich – die Gase nach vorn austreten, erfüllt diese Anforderungen an eine Waffe. A beging schließlich die räuberische Erpressung unter Verwendung dieser Waffe, als er auf T schoss. A handelte vorsätzlich.

A handelte unter den erschwerten Voraussetzungen einer schweren räuberischen Erpressung.

VI. A könnte einen **räuberischen Angriff auf Kraftfahrer** gemäß **§ 316 a Abs. 1** begangen haben.

Restriktive Auslegung des § 316 a.[134]

Da der Taxifahrer nicht während der Fahrt, sondern während eines nicht verkehrsbedingten Halts angegriffen wurde, ist fraglich, ob der Angriff des A sich gegen den Führer eines Kraftfahrzeugs gerichtet hat und ob dieser Angriff unter Ausnutzung der besonderen Verhältnisse des Straßenverkehrs geschah. Bei einem nicht verkehrsbedingten Halt ist das Opfer nur dann noch Führer eines Kfz, wenn und solange der Fahrer mit der Bewältigung von Verkehrsvorgängen beschäftigt ist, z.B. bei laufendem Motor dauernd die Fußbremse betätigt. Ist der Motor abgestellt, liegt die spezifische Tatsituation nicht vor.[135] Allein die günstige Gelegenheit der Vereinzelung ist nicht ausreichend.[136] Da nähere Angaben nicht vorliegen, scheidet § 316 a aus.

---

134 BGH, Beschl. v. 23.07.2014 – 2 StR 104/14, RÜ 2014, 788

135 Fischer § 316 a Rn. 4; Hoffmann-Holland/Kretschmer BT Rn. 938 ff.

136 BGH, Urt. v. 20.11.2003 – 4 StR 150/03, RÜ 2004, 87.

VII. A hat eine gefährliche **Körperverletzung** gemäß **§§ 223 Abs. 1, 224 Abs. 1 Nr. 2** begangen, als er den Taxifahrer mit einem Schuss aus der Gaspistole ins Gesicht traf.

Für die Annahme eines Tötungsvorsatzes enthält der Sachverhalt keine Hinweise.

Konkurrenz und Ergebnis: A ist wegen einer schweren räuberischen Erpressung und einer gefährlichen Körperverletzung strafbar. Die beiden Tatbestände (§§ 255, 250 Abs. 2 Nr. 1; 224 Abs. 1 Nr. 2) stehen der Tateinheit gemäß § 52 im Verhältnis zueinander.

Fall 34: Verwenden einer Schreckschusspistole beim Banküberfall
(BGH, Urt. v. 11.05.1999 – 4 StR 380/98, RÜ 1999, 199;
Beschl. v. 04.02.2003 – GSSt 2/02, RÜ 2003, 270)

A hatte den Entschluss gefasst, sich durch einen Banküberfall Geld zu verschaffen. Als er in dieser Absicht mit einer geladenen Schreckschusspistole in der Hand die Schalterhalle einer Sparkasse betrat, befand sich dort zu seiner Überraschung niemand. Der schusssicher verglaste Kassenschalter und der teilverglaste Kundenserviceschalter waren nicht besetzt. In der Annahme, ein Kunde habe die Schalterhalle betreten, begab sich die Angestellte K aus dem für Kunden nicht einsehbaren Frühstücksraum in den Kassenschalterbereich. A richtete die Waffe auf sie und rief: „Geld her oder ich warte auf einen Kunden!" Die Angestellte, die sich bereits im Bereich des schusssicher verglasten Kassenraums befand, hatte in diesem Moment weniger Angst um ihre eigene Person, wohl aber vor einer von ihr befürchteten Geiselnahme, und kam daher der Aufforderung des A nach und reichte ihm durch den Kassenschlitz 10.000 € Bargeld. A verließ mit der Beute die Bank.

Strafbarkeit des A?

Angesichts äußerlicher Herausgabe sogleich Erpressung prüfen

I. A könnte eine **räuberische Erpressung** gemäß **§§ 253, 255** begangen haben, als er die K mit einer angekündigten Geiselnahme veranlasste, das Geld herauszugeben.

1. A stellte der Kassiererin in Aussicht, den nächsten Kunden als Geisel zu nehmen. Damit **drohte** er ihr mit **gegenwärtiger Gefahr für das Leben** eines Dritten.

Nach überwiegender Ansicht reicht die Drohung zum Nachteil Dritter aus, wenn der Genötigte – vorliegend die K – das einem anderen Angedrohte auch für sich selbst als Übel empfindet.

Davon ist vorliegend auszugehen. Die Drohung mit der Tötung eines Bankkunden gegenüber der Kassiererin stellt sich für diese als selbst empfundenes erhebliches Übel dar.

2. Infolge dieses qualifizierten Nötigungsmittels müsste ein **Handeln, Dulden** oder **Unterlassen** der K vorgelegen haben.

Fall 33!

Unbeschadet der unterschiedlichen Auslegungen zu diesem willensgetragenen Verhalten des Opfers erfüllt das Verhalten der K diese Voraussetzung:

Wenn nach allen Kriterien eine Vermögensverfügung vorliegt, kommt es auf den Streit nicht an – Falle!

So handelte sie, als sie das Bargeld herausgab, sodass äußerlich keine Wegnahme vorlag, und so traf sie eine – freiwillige – Vermögensverfügung in dem Sinne, dass es allein von ihrem Willensentschluss in der schusssicheren Kassenzelle abhängig war, ob der Täter das Bargeld erhielt. Das Herausgabeverhalten durch das Opfer war für den Täter zwingend erforderlich, da er ohne diesen notwendigen Mitwirkungsakt nicht an das Bargeld herangekommen wäre.

3. Der Bank war ein **Vermögensnachteil** i.H.v. 10.000 € entstanden.

4. A handelte vorsätzlich sowie in der **Absicht**, sich zu Unrecht **zu bereichern**.

5. Die Tat war **rechtswidrig** und **schuldhaft**.

A ist wegen räuberischer Erpressung gemäß §§ 253, 255 strafbar.

II. A könnte wegen **besonders schwerer räuberischer Erpressung** gemäß **§§ 255, 250** strafbar sein. A könnte bei der Tat eine Waffe gemäß § 250 Abs. 2 Nr. 1 verwendet haben.

1. Dann müsste es sich bei der eingesetzten **Schreckschusspistole** um **eine Waffe** gehandelt haben.

Unter Berücksichtigung des strafrechtlichen Waffenbegriffs ist dies zu bejahen, wenn der Täter einen körperlichen Gegenstand einsetzt, der nach seiner objektiven Beschaffenheit und seinem Zustand zur Zeit der Tat bei bestimmungsgemäßer Verwendung geeignet ist, erhebliche Verletzungen zuzufügen.

Nachdem in der Vergangenheit die Rspr. geladene Schreckschusswaffen im Unrechtsgehalt eher einer „Spielzeugpistole" bzw. einem ungeladenen Gasrevolver gleichgestellt hatte, ist nunmehr angesichts der Gefährlichkeit geladener Schreckschusswaffen eine Korrektur[137] erfolgt: Art und Umfang möglicher Verletzungen hängen letztlich von äußeren Bedingungen und dem Waffentyp ab. Diese sind umso erheblicher, je näher sich die Waffe am Körper des Opfers befindet. Ein aufgesetzter Schuss mit einer Knallkartusche führt überdies regelmäßig zum Aufplatzen der Haut, je nach Waffenart auch zu schwereren Verletzungen tiefer liegenden Gewebes. Für die strafrechtliche Einordnung dieses Gegenstandes als „Waffe" kommt es außerdem nicht maßgeblich darauf an, ob sich der Täter in einer Entfernung zum Opfer befindet, welche die Zuführung einer erheblichen Körperverletzung (gerade) noch nicht gestattet, wenn sich andererseits die von dem Gegenstand nach seiner Bauart und seiner bestimmungsgemäßen Verwendung als Schießwerkzeug ausgehende Gefahr grundsätzlich realisieren kann.

Deshalb ist vorliegend davon auszugehen, dass die von A eingesetzte Schreckschusswaffe qualifizierend i.S.v. § 250 Abs. 2 Nr. 1 wirkt.

2. Des Weiteren müsste der A die **Waffe** gemäß § 250 Abs. 2 Nr. 1 **verwendet** haben, als er sie während des Überfalls in der Hand hielt und mit ihr die Angestellte K bedrohte.

a) Nach überwiegender Ansicht[138] setzt ein tatbestandsmäßiges Verwenden einer Waffe oder eines anderen gefährlichen Werkzeugs nicht voraus, dass der Täter diese Gegenstände als Mittel der Gewaltausübung einsetzt. Der Einsatz als Drohmittel – wie hier – genügt.

„Verwenden" heißt nicht notwendig „Schießen"

b) Schließlich könnte man ein Verwenden ablehnen, weil sich während der Tat in dem Schalterraum die einzig anwesende Person, nämlich die Angestellte K, durchgehend in dem durch schusssicheres Glas geschützten Kassenbereich befand und damit vor jeder Beeinträchtigung durch einen etwaigen Schuss aus der Gaspistole sicher war. Insofern könnte angenommen werden, dass ein Verwenden einer Waffe voraussetzt, dass dessen abstrakte Gefährlichkeit bei dem infrage stehenden Einsatz der Waffe in der

---

137 Fischer § 244 Rn. 7 f.

138 Fischer § 250 Rn. 18.

Weise zum Tragen kommen muss, dass eine konkrete Leibes- oder Lebensgefahr vorliegt, die Drohung also jederzeit in die Realisierung der angedrohten Gewalteinwirkung umschlagen kann.

Nach überwiegender Ansicht setzt aber der Einsatz des objektiv gefährlichen Tatmittels einer Waffe eine konkrete Gefahr erheblicher Verletzungen anderer nicht voraus.[139] Setzt der Täter eine schussbereite scharfe Waffe ein, lässt sich die Gefahr erheblicher Verletzungen nicht ausschließen, selbst dann nicht, wenn sich – wie vorliegend – die einzige während der eigentlichen Tatphase anwesende Person hinter schusssicherem Glas befindet. Auch in einer solchen Konstellation, in der plötzlich Kunden die Bank betreten können oder in der der Täter beim Verlassen der Bank auf Dritte stoßen kann, die sich ihm in den Weg stellen, kann sich die zunächst nur vom Täter abstrakt gesetzte Gefahr konkret realisieren.

A ist wegen besonders schwerer räuberischer Erpressung gemäß §§ 255, 250 Abs. 2 Nr. 1 strafbar.

Ergebnis: A ist wegen besonders schwerer räuberischer Erpressung gemäß §§ 253, 255, 250 Abs. 2 Nr. 1 strafbar.

139 Fischer § 250 Rn. 18a.

Fall 35: Dreieckserpressung
(BGH, Urt. v. 20.04.1995 – 4 StR 27/95, BGHSt 41, 123)

Der O besuchte den R in dessen Wohnung, in der sich zugleich auch die K, Lebensgefährtin des R, aufhielt. O geriet mit R in einen Streit, in dessen Verlauf er in immer stärkerem Maß in Wut und Erregung geriet. Er stach nun mit einem Springmesser in den Bauch des R. R sank daraufhin bewusstlos zu Boden. In dem Bewusstsein, dass die vorangegangene Gewaltanwendung gegen R nachhaltigen Eindruck auf K gemacht hatte, forderte O diese nunmehr auf, dem am Boden liegenden R die Uhr vom Handgelenk zu nehmen und an ihn zu übergeben. Dieser Anweisung fügte O noch ein „sonst" an. Noch unter dem Eindruck des vorherigen Geschehens stehend nahm K dem R die Uhr vom Arm und übergab sie O.

Strafbarkeit des O?

A. Der Messerstich

I. O könnte sich wegen eines **versuchten Totschlags** gemäß **§§ 212 Abs. 1, 22** strafbar gemacht haben.

Der Einsatz eines Messers legt die Erörterung des § 212 nahe.

1. Eine Strafbarkeit des O aus vollendetem Totschlag scheidet aus, weil der Taterfolg nicht eingetreten ist. Die Versuchsstrafbarkeit folgt aus dem Verbrechenscharakter – §§ 23 Abs. 1, 12 Abs. 1 – des Totschlags.

2. O müsste mit **Tötungsentschluss** gegen R vorgegangen sein. Hiervon ist – auch angesichts des äußerlich durchaus gefährlichen Vorgehens – nicht auszugehen. Laut Sachverhalt handelte O aus „Wut und Erregung", nicht dagegen in dem Bewusstsein, den R möglicherweise zu töten.

II. Durch den Messerstich hat sich der O wegen **gefährlicher Körperverletzung** gemäß **224 Abs. 1 Nr. 2, Nr. 5** strafbar gemacht.

III. Die Begehung eines **Raubes** gemäß **§ 249 Abs. 1** bzw. einer **räuberischen Erpressung** gemäß **§§ 253 Abs. 1, 255** liegt dagegen zum Zeitpunkt des Niederstechens trotz entsprechender Gewaltanwendung noch nicht vor, da O hierbei noch keinen auf das Verschaffen der Uhr gerichteten Vorsatz hatte.

Zwischenergebnis: Bezüglich des Messerstiches ist O wegen gefährlicher Körperverletzung gemäß § 224 Abs. 1 Nr. 2, 5 strafbar.

B. Die Erlangung der Uhr

I. O könnte eine **räuberische Erpressung** gemäß **§§ 253 Abs. 1, 255** durch Erlangen der Uhr begangen haben.

1. O müsste mit einem **qualifizierten Nötigungsmittel**, nämlich **Gewalt** gegen eine Person **oder Anwendung von Drohungen** mit gegenwärtiger Gefahr für Leib oder Leben, vorgegangen sein. Als O den R niederstach, lag hierin eine Gewaltanwendung, die O allerdings nicht gezielt zum Verschaffen der Uhr einsetzte.

a) Soweit diese frühere Gewaltanwendung gegenüber R in Form der verletzungsbedingten Wehr- und Bewusstlosigkeit noch fortwirkte, als O seinen neuen Tatentschluss fasste, reicht dies allein für die Verwirklichung des

Fortdauern der Gewaltwirkung oder Andauern der Gewaltanwendung?

qualifizierten Erpressungstatbestandes nicht aus. Insoweit handelt es sich nicht um eine tatbestandsrelevante weitere Anwendung von Gewalt, sondern vielmehr um Ausnutzung einer früheren Gewaltanwendung, die aus einer anderen Zielsetzung heraus ihren Ursprung hatte.

b) Allerdings ist zu beachten, dass eine bereits abgeschlossene Gewaltanwendung durch das äußere Verhalten als – schlüssige – Drohung mit weiterer Gewalttätigkeit, also mit gegenwärtiger Gefahr für Leib oder Leben, zu bewerten ist, wenn der Täter diese durch frühere Gewaltanwendung geschaffene, nunmehr fortwirkende Bedrohungssituation erkennt und erkennbar macht, weitere Gewalt anzuwenden. Vorliegend war die K durch den vorangegangenen Messerstich nachhaltig eingeschüchtert und handelte, unter diesem Eindruck stehend, weisungsgemäß auf Anweisung des O. Die Beifügung des Wortes „sonst" war nur als Bezugnahme auf die vorherige Gewalt zu verstehen und beinhaltete schlüssig die Drohung weiterer Messerstiche.

Soweit hier Bedrohter (R) und Genötigte (K) nicht identisch sind (Dreiecksnötigung), unterfällt dies den Nötigungstatbeständen (§§ 240, 253, 255), wenn der Genötigte die Bedrohung des Dritten selbst als Übel empfindet.

2. Diese Drohung müsste **kausal** zu einer abgenötigten Handlung, Duldung oder Unterlassung geführt haben.

Fall 33

Nach der Rspr. sind keine weiteren Einschränkungen an das abgenötigte Opferverhalten zu stellen. Mit dem Abnehmen der Uhr vom Arm des R und anschließender Übergabe an O hat die K entsprechende Handlungen vorgenommen. Soweit einschränkend an das erpresserische Opferverhalten wegen vermeintlicher Strukturgleichheit der Erpressung zum Betrug eine Vermögensverfügung als notwendiger Mitwirkungsakt verlangt wird, wäre dieser vorliegend abzulehnen, da der von O angestrebte Besitz an der Uhr auch ohne Mithilfe der K zu erlangen war. O hätte ohne große Hindernisse dem bewusstlosen R die Uhr selbst vom Arm ziehen können. Mit dem BGH ist eine derartige Einschränkung des Erpressungstatbestandes aber abzulehnen.

Schon der Wortlaut erfasst – anders als in § 263 – die Möglichkeit einer Dreieckserpressung.

3. Dieses Opferverhalten müsste zu einem **Nachteil im Vermögen des Genötigten oder eines anderen** geführt haben.

a) Ein Vermögensnachteil zulasten der K scheidet aus, da sie keinerlei Vermögensposition verlor.

b) Die Übergabe der Uhr an den O führte indes zu einem Vermögensverlust bei R.

Es fallen Nötigungsopfer und Vermögensgeschädigter auseinander = Dreieckserpressung.

Fraglich ist, inwieweit bei einer Dreieckstat über den bloßen kausalen Zusammenhang zwischen dem abgenötigten Verhalten und dem bei einem Dritten eintretenden Vermögensnachteil hinaus eine derartige Dreieckserpressung noch weitere Voraussetzungen hinsichtlich der Zurechenbarkeit des Verhaltens des Dritten hat.

Die überwiegende Ansicht verlangt ein Näheverhältnis zwischen Geschädigtem und Genötigtem, damit das Verhalten des Nötigungsopfers dem Geschädigten zugerechnet werden kann. Zweifelhaft ist allerdings, welche

Anforderungen an dieses Näheverhältnis zu stellen sind. Soweit vertreten wird, dass wegen vermeintlicher Strukturgleichheit der Erpressung mit dem Betrug eine Vermögensverfügung zu verlangen ist, wird dieses Näheverhältnis durch eine tatsächliche Nähe (Lagertheorie) oder rechtliche Nähe (Befugnis- oder Ermächtigungstheorie) bestimmt.[140]

Nach dem BGH setzt eine Dreieckserpressung weder eine rechtliche Verfügungsmacht noch eine tatsächliche Herrschaftsgewalt des Genötigten über die fremden Vermögensgegenstände voraus. Vielmehr muss zwischen dem Genötigten und dem in seinem Vermögen Geschädigten ein Näheverhältnis dergestalt bestehen, dass das Nötigungsopfer spätestens im Zeitpunkt der Tatbegehung auf der Seite des Vermögensinhabers steht. Gerade darin, dass der Täter die von einem Dritten im Interesse des Vermögensinhabers wahrgenommene Schutzfunktion mit Nötigungsmitteln aufhebt, liegt der Unrechtsgehalt der Dreieckserpressung.

Vorliegend nahm K als Lebensgefährtin des verletzten R diese Schutzfunktion wahr. Ohne die stillschweigende Drohung mit erneutem Einsatz des Messers wäre sie zum Schutz der persönlichen Habe ihres Lebensgefährten bereit gewesen.

4. O handelte mit **Vorsatz** und in **rechtswidriger Bereicherungsabsicht**.

5. Die Tat des O war **rechtswidrig** und **schuldhaft**.

O hat sich wegen räuberischer Erpressung gemäß §§ 253 Abs. 1, 255 strafbar gemacht.

II. O ist überdies wegen einer **besonders schweren räuberischen Erpressung** gemäß **§§ 253 Abs. 1, 255, 250 Abs. 2 Nr. 1** strafbar, da er bei der Erpressungstat eine Waffe, nämlich ein Springmesser, verwendet hat.

III. O könnte einen **Raub** gemäß **§ 249 Abs. 1** begangen haben, indem er der K mit Gewaltanwendung gegen R drohte, sofern diese ihm nicht die Uhr des R um das Handgelenk legte. O hat die K jedoch nicht zur Duldung einer Wegnahme genötigt. Die raubgleiche Nötigung der K durch O stand nicht im Finalzusammenhang zur Vornahme einer Wegnahme. Vielmehr sollte die K zur Vornahme einer Wegnahme gezwungen werden.

O hat sich nicht wegen Raubes strafbar gemacht.

IV. O könnte sich wegen eines **Diebstahls in mittelbarer Täterschaft gemäß §§ 242 Abs. 1, 25 Abs. 1 Alt. 2** strafbar gemacht haben, indem er die K gezwungen hat, dem R die Uhr gegen seinen Willen wegzunehmen.

O selbst hat die Uhr nicht weggenommen. Mittels Nötigung hat er die K dazu gezwungen. Jedoch stand K in einem Näheverhältnis zu R. Sie vertrat ihn in dessen Willen. Dieser musste sich das Verhalten der K wie eigenes zurechnen lassen. Sie bildeten eine Erpressungseinheit. Ein Verhalten, das als abgenötigtes Handeln die Grundlage für die Dreieckerpressung bildet, kann nicht gleichzeitig eine mittelbare Tathandlung bilden.

O hat sich daher nicht wegen Diebstahls strafbar gemacht.

V. O könnte sich wegen eines **erpresserischen Menschenraubes** gemäß **§ 239 a Abs. 1** strafbar gemacht haben.

---

140 Hoffmann-Holland/Kretschmer BT Rn. 963; Wessels/Hillenkamp BT 2 Rn. 715.

Eine Strafbarkeit gemäß § 239 a Abs. 1 Alt. 1 setzt voraus, dass der Täter sich eines Menschen bemächtigt, um die Sorge des Opfers um sein Wohl oder die Sorge eines Dritten um das Wohl des Opfers zu einer Erpressung auszunutzen. Als O sein Opfer R niederstach, bemächtigte er sich dessen. Zu diesem Zeitpunkt handelte er aber nicht aus der Absicht heraus, eine Erpressung zu begehen.

Ein weiteres Sichbemächtigen einer anderen Person, hier etwa der K, ist in seinem späteren Verhalten nicht zu erblicken, da er zu keinem Zeitpunkt (entführungsgleiche) Macht über K ausüben wollte.

§ 239 a Abs. 1 Alt. 1 liegt nicht vor.

VI. Indes könnte O **§ 239 a Abs. 1 Alt. 2** verwirklicht haben, wenn er die von ihm durch eine solche Handlung geschaffene Lage eines Menschen zu einer Erpressung ausgenutzt hätte.

Nach überwiegender Ansicht[141] verlangt die Verwirklichung auch der 2. Alt. des § 239 a mit einschränkender Auslegung eine „gewisse Stabilisierung" der Bemächtigungssituation und die Vornahme einer weiteren, zweiten Erpressungshandlung, die in ihrem Nötigungscharakter tatverschieden von derjenigen Tathandlung ist, die ihrerseits zur Bemächtigungslage geführt hat. Das ist hier abzulehnen, da der Einsatz des Messers die Bemächtigungssituation herbeigeführt hat und zugleich als Mittel zur Erzwingung der Weggabe eingesetzt wurde.

Ergebnis: O ist wegen gefährlicher Körperverletzung gemäß § 224 Abs. 1 Nr. 2, 5 in Tatmehrheit mit schwerer räuberischer Erpressung gemäß §§ 255, 250 Abs. 2 Nr. 1, 53 strafbar.

141 BGH, Beschl. v. 22.11.1994 – GSSt 1/94, BGHSt 40, 350.

Fall 36: Raub mit Todesfolge in der Beendigungsphase
(BGH, Urt. v. 15.05.1992 – 3 StR 535/91, BGHSt 38, 295)

K hat unter Verwendung einer Schusswaffe eine Bank überfallen und diese mit seiner Beute verlassen. Bei der anschließenden Flucht wurde er von Bankmitarbeitern und weiteren, von diesen alarmierten Personen und Polizeibeamten verfolgt. K erreichte den mehrere hundert Meter entfernt liegenden Bahnhofsplatz, als ihn ein verfolgender Polizeibeamter, P, fast eingeholt hatte. Um nicht festgenommen zu werden, setzte K die Schusswaffe ein. Ein von ihm mit Tötungswillen auf den Polizeibeamten gerichteter Schuss verfehlte diesen und traf die Passantin X tödlich. K, der die X zuvor nicht wahrgenommen hatte, konnte unerkannt entkommen.

Strafbarkeit des K?

I. K könnte einen **Totschlag** gemäß **§ 212 Abs. 1** an der X begangen haben, als er sie tödlich traf.

1. Der Schusswaffengebrauch des K verursachte den Tod der X.

2. Als er die Schusswaffe einsetzte, wollte er den ihn verfolgenden Polizeibeamten P töten. Sein Angriff richtete sich aus seiner Sicht nicht gegen die Passantin X, die er noch nicht einmal wahrgenommen hatte, sodass die Annahme eines bedingten Vorsatzes ausscheidet.

Nach überwiegender Ansicht ist von einem Fehlgehen der Tat (sogenannte aberratio ictus) auszugehen, sodass eine Bestrafung wegen vollendeten Totschlags ausgeschlossen ist. Die aberratio ictus!

II. Mit dem Schuss auf den ihn verfolgenden Polizeibeamten könnte sich K wegen **versuchten Totschlags** gemäß **§§ 212 Abs. 1, 22** zulasten des P strafbar gemacht haben.

Eine Strafbarkeit des K wegen vollendeten Totschlags ist nicht gegeben, der Versuch eines Totschlags ist gemäß §§ 12, 23 angesichts der Strafandrohung (Verbrechen) strafbar.

K hatte den **Tatentschluss**, einen Menschen, nämlich den ihn verfolgenden Polizeibeamten, zu töten. Nach seiner Vorstellung von diesem Tatgeschehen setzte der K mit dem Schuss unmittelbar zur Tatbestandsverwirklichung an. K handelte **rechtswidrig** und **schuldhaft**.

K ist wegen versuchten Totschlags gemäß §§ 212 Abs. 1, 22 strafbar.

III. K könnte einen **versuchten Mord** gemäß **§§ 211, 22** begangen haben.

Dann müsste er zusätzlich zum Entschluss, einen Menschen zu töten, in einer Vorstellung gehandelt haben, die die Erfüllung von Mordmerkmalen beinhaltet.

1. K könnte Tatentschluss für eine **Tötung mit gemeingefährlichen Mitteln** gehabt haben. 2. Gruppe?

Gemeingefährlich ist ein Tötungsmittel, das der Täter in der konkreten Tatsituation bzgl. der Ausdehnung der Gefahr nicht beherrschen und dadurch eine Mehrzahl von Menschen an Leib oder Leben gefährden kann.

Angesichts des gezielten Einzelschusses auf den ihn verfolgenden Polizeibeamten ist von einer derartig charakteristischen Unbeherrschbarkeit nicht auszugehen.

3. oder 1. Gruppe? (Reihenfolge im Versuch!)

2. Weitere Motive für die Abgabe des Schusses durch K sind nicht ersichtlich, sodass – zugunsten des K – davon auszugehen ist, dass der Einsatz der Schusswaffe lediglich der Verhinderung der drohenden Festnahme diente, nicht etwa von Verdeckungs- oder Besitzerhaltungsabsicht an der Beute getragen war.

Eine Strafbarkeit wegen versuchten Mordes scheidet aus.

IV. K könnte einen **Raub mit Todesfolge** gemäß **§§ 249 Abs. 1, 251** begangen haben.

1. K hat einen Raub gemäß § 249 Abs. 1 begangen, als er mit geladener Schusswaffe im Wege der **Wegnahme** seine Beute erlangte.

2. Durch den Schuss des K ist überdies der **Tod eines Menschen**, der X, verursacht worden.

3. Diese Todesfolge müsste indes „durch den Raub **wenigstens leichtfertig**" verursacht worden sein.

„Wenigstens" leichtfertig bedeutet erst recht auch bei vorsätzlichem Handeln.

a) Leichtfertigkeit setzt grobe Fahrlässigkeit voraus. Danach ist ein besonders sorgfaltswidriges, leichtsinniges Verhalten mit einer besonders naheliegenden, sich geradezu aufdrängenden Tatbestandsverwirklichung zu verlangen. Der Gebrauch einer Schusswaffe auf öffentlicher Straße, auf der sich noch andere Passanten befinden, belegt unproblematisch diese Leichtfertigkeit.

Beliebte Klausurproblematik: Greifen Qualifikationen wie § 244 oder § 250, 251 in der Wegnahmephase zwischen Vollendung und Beendigung (Hoffmann-Holland/Kretschmer BT Rn. 855)?

b) Fraglich ist, ob der Todeserfolg auch „durch den Raub" verursacht wurde. Voraussetzung ist, dass sich im tödlichen Erfolg die dem Grundtatbestand des § 249 Abs. 1 anhaftende eigentümliche, d.h. „tatbestandsspezifische" Gefahr verwirklicht hat. Das ist fraglich, weil der Schusswaffeneinsatz durch K sich erst nach Vollendung des noch nicht beendeten Bankraubes auf der Flucht im Rahmen der Abwehr eines Verfolgers ereignet hat.

So[142] wird vertreten, dass eine nicht mehr der Wegnahme selbst dienende Handlung in der Beendigungsphase keinesfalls die Strafbarkeit dieser Erfolgsqualifizierung herbeiführen kann. Deliktsspezifisch muss die der Verwirklichung des Grundtatbestandes dienende Nötigungshandlung den tödlichen Ausgang herbeiführen.

Dagegen[143] wird § 251 auch auf den Abschnitt zwischen Vollendung und Beendigung des Raubtatbestandes angewendet. Bei Raubdelikten besteht eine tatspezifische Gefährlichkeit nicht nur bei meist überraschend erfolgenden Wegnahmehandlungen, sondern nicht minder bei der sich anschließenden Phase der Flucht und Beutesicherung. Die Gefahr, dass ein bewaffneter Täter seine Waffe nicht nur zur Wegnahme, sondern auch zur Abwehr von Verfolgern einsetzt, ist nicht gering einzuschätzen.

142 Fischer § 251 Rn. 5; Hoffmann-Holland/Kretschmer BT Rn. 916; Wessels/Hillenkamp BT 2 Rn. 268, 388.

143 BGH, Beschl. v. 25.02.2010 – 5 StR 542/09, NStZ 2010, 327 (zu § 250); Urt. v. 06.04.1965 – 1 StR 73/65, BGHSt 20, 194; Schroth NStZ 1999, 544.

Diese weite Sichtweise ist unbestimmt, da die Phase zwischen Vollendung und Beendigung nur schwer zeitlich und örtlich zu bestimmen ist – Art. 103 Abs. 2 GG. Außerdem gibt es für diese Nachtatphase der Wegnahmedelikte den § 252, dessen Voraussetzungen durch Ausdehnung in die Beendigungsphase unterlaufen werden würden.

K hat den Tod eines anderen Menschen nicht durch, sondern erst nach dem vollendeten Raub verursacht. Daher ist er nicht gemäß § 249 mit § 251 strafbar.

V. K könnte sich **wegen eines räuberischen Diebstahls mit Todesfolge nach § 252 mit § 251** strafbar gemacht haben.

K wurde bei einem Raub auf frischer Tat, weil direkt bei der Tatbegehung, betroffen. Da in jedem Raub ein Diebstahl enthalten ist, ist auch § 249 eine taugliche Vortat für § 252.[144] K hat durch die Schüsse Gewalt ausgeübt. Er handelte vorsätzlich und in Besitzerhaltungsabsicht.

Über § 252 gelangt man zu § 251 in die Nachtatphase zwischen Vollendung und Beendigung. K hat in dieser Phase leichtfertig den Tod eines anderen Menschen verursacht. Es steht im deliktspezifischen Raubzusammenhang, dass durch Gewalt auf der Flucht nicht nur Raubopfer und Verfolger, sondern auch Passanten als Zufallsopfer in den spezifischen Schutzbereich des § 251 einbezogen sind.

K ist des räuberischen Diebstahls mit Todesfolge nach § 252 mit § 251 schuldig.

VI. Zugleich hat K einen **besonders schweren Raub** gemäß **§§ 249, 250 Abs. 2 Nr. 1** sowie einen **räuberischen Diebstahl in einem besonders schweren Fall nach § 252 mit § 250 Abs. 2 Nr. 3 b)** verwirklicht. Diese Delikte werden von § 252 mit § 251 als subsidiär verdrängt.

VII. Gegeben ist zudem eine **fahrlässige Tötung** der X (**§ 222)**, die hinter § 251 zurücktritt.

VII. Mit dem Schuss auf den Polizeibeamten P hat **Widerstand gegen Vollstreckungsbeamte in einem besonders schweren Fall (§§ 113 Abs. 1 mit Abs. 2 Nr. 1)** geleistet.

Ergebnis: K ist wegen eines räuberischen Diebstahls mit Todesfolge (§ 252 mit § 251) an X in Tateinheit (§ 52) mit einem tateinheitlichen versuchtem Totschlag und Widerstand gegen Vollstreckungsbeamte in einem besonders schweren Fall (§§ 212, 22, 113 Abs. 1, Abs. 2 Nr. 1, 52) gegen P strafbar.

144 Fischer § 252 Rn. 3.

11. Teil: Räuberischer Diebstahl

Fall 37: Betreffen des Diebes auf frischer Tat
(BGH, Urt. v. 27.02.1975 – 4 StR 310/74, BGHSt 26, 95)

A betrat die Wohnung der Frau C durch eine nicht verschlossene Wohnungstür. Er durchsuchte die Wohnung und verstaute Schmuck und Bargeld in einer mitgeführten Aktentasche. Als er im Begriff war, die Wohnung zu verlassen, hörte er, wie die Wohnungstür geöffnet wurde. Er versteckte sich hinter einer Zimmertür. Als Frau C das Zimmer betrat, versetzte er ihr mehrere Schläge mit der Faust auf den Kopf, bis sie zu Boden ging. Zu diesem Zeitpunkt wollte er noch den Besitz der Beute erhalten. Dann verließ er fluchtartig mit der Beute die Wohnung. Aus Angst vor Entdeckung entledigte er sich später in einem Park der Beute.

Strafbarkeit des A? Erforderliche Strafanträge sind gestellt.

Erst § 242 als „Vortat" für § 252 prüfen.

I. A könnte durch Einstecken des Schmucks und Bargeldes in die Aktentasche einen **Diebstahl** gemäß **§ 242 Abs. 1** begangen haben.

1. A müsste Schmuck und Geld – für ihn **fremde bewegliche Sachen**, da im Eigentum des C stehend – **weggenommen** haben, mithin fremden Gewahrsam gebrochen und neuen Gewahrsam begründet haben.

Vorliegend hielt sich A in der Herrschaftssphäre der Frau C auf, als er die Beute in die mitgeführte Aktentasche steckte. Nach überwiegender Ansicht ist ein Gewahrsamswechsel trotz Aufenthalts in der Herrschaftssphäre des Bestohlenen anzunehmen, wenn der Täter leicht zu verbergende Sachen in seine Sphäre, wie Kleidung oder leicht zu transportierende Behältnisse, verbringt. Man spricht von einer Gewahrsamsenklave.

Danach war der Diebstahl mit seiner Wegnahme vollendet, als A die Beutestücke in die Aktentasche steckte.

2. A handelte mit **Vorsatz** und der **Absicht rechtswidriger Zueignung**.

3. Die Tat war **rechtswidrig** und **schuldhaft**.

A ist wegen Diebstahls gemäß § 242 Abs. 1 strafbar.

II. Eine Qualifizierung nach **§ 244 Abs. 1 Nr. 3** im Sinne eines **Wohnungseinbruchdiebstahls** liegt nicht vor, da A die Wohnung durch die unverschlossene Tür betrat. Daher ist er nicht eingebrochen bzw. eingestiegen.

III. Mit Betreten der Wohnung verwirklichte A einen **Hausfriedensbruch** gemäß **§ 123 Abs. 1 Alt. 1**. Der nach § 123 Abs. 2 erforderliche Strafantrag ist gestellt.

IV. A könnte einen **Raub** gemäß **§ 249 Abs. 1** begangen haben, als er die C niederschlug.

Dann müsste er die Gewalt – sei es kausal, sei es final – zur Wegnahme eingesetzt haben. Das ist nur denkbar, wenn im Zeitpunkt der Gewalt die Wegnahme noch nicht vollendet war.

Gerade bei so kleinen Gegenständen wie Schmuck und Bargeld ist jeder unmittelbare Zugriff eines Dritten faktisch fast ausgeschlossen, wenn der Täter diese Gegenstände in seine Körpersphäre – hierzu gehören auch mitgeführte Behältnisse – überführt. Der ursprüngliche Gewahrsamsinhaber wird in der Regel keine weitere Sachherrschaft mehr ausüben können und muss sich notfalls selbst mit Gewalt die Sache zurückholen, wenn der Täter die Herausgabe ablehnt. Daher war die Wegnahme mit dem Einstecken der Beute durch A vollendet.

Ein Raub scheidet aus.

V. A könnte einen **räuberischen Diebstahl** gemäß **§ 252** begangen haben, als er die zurückkehrende Frau C niederschlug.

1. Dann müsste A **bei einem Diebstahl auf frischer Tat betroffen** sein.

Vortat kann auch ein Raub sein.

a) Vorliegend hatte A einen Diebstahl gemäß § 242 Abs. 1 begangen.

b) Fraglich ist, ob er auf frischer Tat betroffen wurde.

Hier kehrte Frau C in ihre Wohnung zurück und betrat das Zimmer, ohne den A wahrgenommen zu haben. Vielmehr kam nun A durch die Gewaltanwendung einer entsprechenden Wahrnehmung von Frau C zuvor. Damit ist fraglich, ob § 252 erfüllt ist.

aa) So wird vertreten,[145] dass der Täter betroffen „sein" muss. Der Täter müsse von einem Dritten – nicht unbedingt als deliktisch handelnder Dieb, wohl aber als Person – wahrgenommen sein. Damit hätte A keinen räuberischen Diebstahl begangen, da ihn C noch nicht wahrgenommen hatte.

bb) Nach überwiegender Ansicht[146] dient das Merkmal des „Betreffens auf frischer Tat" dazu, die Voraussetzungen, unter denen ein Dieb einem Räuber gleichzustellen ist, zeitlich und örtlich einzugrenzen. Demgemäß schließt das Merkmal nicht nur ein reales Betroffensein, sondern auch ein Betroffenwerden ein. Nur mit dieser Auslegung ist gewährleistet, dass der Dieb, wenn er zu qualifizierten Nötigungsmitteln greift, einheitlich bestraft werden kann. Setzt er die qualifizierten Nötigungsmittel zur Wegnahme ein, wird er aus § 249 mit den entsprechenden Qualifikationstatbeständen bestraft. Wendet er die qualifizierten Nötigungsmittel direkt nach begangenem Diebstahl noch in unmittelbarer Tatortnähe an, wird er „gleich einem Räuber" bestraft, da der jeweilige Einsatz qualifizierter Nötigungsmittel nicht von unterschiedlich zu beurteilender krimineller Energie getragen ist. Danach hätte A einen räuberischen Diebstahl verwirklicht.

cc) Der Auslegung der überwiegenden Ansicht ist der Vorzug zu geben.

Den Tatbeständen der §§ 249, 252 liegt die Konzeption zugrunde, dass bei Begehung eines Diebstahls jede Anwendung qualifizierter Nötigungsmittel eine Verbrechensstrafe nach sich zieht. Hierbei ist nicht entscheidend, ob diese Mittel zur oder nach der Wegnahme eingesetzt werden. Wollte man ein Betroffensein als Tatsituation des § 252 verlangen, gäbe es eine Zeitspanne zwischen erfolgter Wegnahme und Bemerktsein durch Dritte, in der der Täter massive Nötigungsmittel einsetzen könnte, ohne dass die §§ 249 oder § 252 griffen. Deren Anwendung hinge vielmehr – eher widersinnig – von der Zufälligkeit zuvor erfolgten Bemerktseins als Wahrnehmung ab.

Zuletzt hat der BGH ein Betroffensein auf frischer Tat zutreffend bejaht, wenn die Täter bereits bei der Tat selbst von Anfang an beobachtet werden.[147]

---

145 Geppert Jura 1990, 556; Hoffmann-Holland/Kretschmer BT Rn. 927.

146 Fischer § 252 Rn. 6.

147 Siehe BGH, Beschl. v. 04.08.2015 – 3 StR 112/15, RÜ 2015, 719.

2. A **handelte** vorsätzlich und in der **Absicht, eine Gewahrsamsentziehung zu verhindern**, die gegenwärtig war bzw. unmittelbar durch Entdeckung bevorstand, d.h. in der Absicht, sich den Beutebesitz zu erhalten.

3. A handelte **rechtswidrig** und **schuldhaft**.

A ist wegen räuberischen Diebstahls gemäß § 252 strafbar.

VI. Durch das Niederschlagen von Frau C hat A eine **Körperverletzung** gemäß **§ 223 Abs. 1** verwirklicht. Eine **gefährliche Körperverletzung** durch hinterlistigen Überfall gemäß **§ 224 Abs. 1 Nr. 4** scheitert am fehlenden hinterlistigen Vorgehen durch A. Ein plötzlicher Angriff von hinten sowie das Ausnutzen des Überraschungsmoments stellen keinesfalls ein „listiges" Vorgehen durch den Täter dar.

Konkurrenzen und Ergebnis: A ist wegen eines räuberischen Diebstahls gemäß § 252 strafbar. Dieser räuberische Diebstahl, der den einfachen Diebstahl als Grunddelikt verdrängt, steht zu der zugleich verwirklichten Körperverletzung gemäß § 223 Abs. 1 in Tateinheit (§ 52). Der zu Beginn verwirklichte Hausfriedensbruch steht hierzu in Tatmehrheit gemäß § 53, da er durch eine eigenständige, abgetrennte Handlung verwirklicht wurde.

Fall 38: Vollendung der Wegnahme beim Diebstahl und nachfolgende Gewalt

(BGH, Urt. v. 26.06.2008 – 3 StR 182/08, RÜ 2011, 713)

A hatte vor geraumer Zeit seinen Laptop zur Reparatur in das Computerfachgeschäft des M gebracht. Am Tattag erschien er erneut in dem Ladenlokal. Zwischen A und M kam es alsbald zu einem Wortgefecht. Der sehr impulsive A forderte M auf, ihm einen neuen Laptop zu geben, da er – was nicht zutraf – das Gerät des A beschädigt habe. Daraufhin legte M den Laptop des A auf den Verkaufstresen und forderte ihn auf, das Geschäft zu verlassen. A nahm ein auf dem Tresen liegendes kleines Messer und hielt es dem M kurz an den Bauch. Dann legte er das Messer wieder zurück und ließ von M ab. Kurz darauf nahm er einen IBM-Laptop zum Verkaufspreis von 899 € aus einem Regal und verließ damit das Ladenlokal. M folgte ihm sogleich nach und ergriff, als er A auf dem Gehweg erreicht hatte, das Notebook, um es ihm wieder zu entwinden. A versetzte dem M, weil er das Gerät behalten wollte, nunmehr einen Stoß mit dem Kopf, wodurch dieser eine blutende Platzwunde an der Oberlippe erlitt. Das Gezerre um das Notebook setzte sich fort, bis A davon abließ, weil er sein Interesse daran verloren hatte und sich entfernte.

Strafbarkeit des A?

I. Durch das Herausnehmen des Laptops aus dem Regal und Verlassen des Ladenlokals mit dem Gerät in der Hand könnte A einen **Diebstahl** gemäß **§ 242 Abs. 1** begangen haben.

1. Das im Eigentum des M stehende Gerät war für A eine **fremde bewegliche Sache**.

2. Fraglich ist, ob bis zur Wiedererlangung des Computers durch M bereits eine **vollendete Wegnahme** vorgelegen hat. Eine Wegnahme setzt voraus, dass fremder Gewahrsam gebrochen und neuer Gewahrsam begründet worden ist. An dem in seinem Ladenlokal befindlichen Gerät hatte zunächst M den Gewahrsam. Zweifel an der Begründung neuen Gewahrsams bestehen aus mehreren Gründen. Zum einen befand sich A mit dem offen in der Hand getragenen Gerät noch unmittelbar vor dem Ladenlokal auf dem Gehweg, zum anderen wurde er von M beobachtet und verfolgt.

Klausurtipp: Da es erkennbar um das Problem geht, ob und wann die Wegnahme vollendet sein könnte, ist mit § 242 – nicht § 249 – zu beginnen. Hierauf ist aber besondere Sorgfalt zu legen, denn von der Bestimmung des Wegnahmezeitpunkts hängt die Falllösung entscheidend ab: War die Wegnahme noch nicht vollendet, als A Gewalt durch den Kopfstoß übte, verwandelt sich das Geschehen in einen Raub.

Ob eine Gewahrsamserlangung und damit eine Vollendung des Diebstahls vorliegen, ist nach der Verkehrsauffassung zu beurteilen. Es kommt darauf an, ob der neue Gewahrsamsinhaber die Herrschaft über die Sache ungehindert durch den alten Gewahrsamsinhaber ausüben kann.[148]

a) Dabei kommt es entscheidend auf Größe und Beschaffenheit des Tatobjekts an. Bei handlichen und leicht beweglichen Sachen reicht regelmäßig schon ein Ergreifen und Festhalten bzw. das offene Wegtragen des Gegenstands aus.[149]

b) Soweit A die gesamte Zeit von M beobachtet wurde, hindert dieser Umstand nicht eine Vollendung der Wegnahme, da der Diebstahl keine heim-

148 Fischer § 242 Rn. 17.

149 Wessels/Hillenkamp BT 2 Rn. 125.

liche Tat ist. Die Entdeckung des Täters gibt vielmehr nur die Möglichkeit, ihm die Sache wieder abzunehmen, verhindert aber nicht den Gewahrsamswechsel.

Beachte: Die Beobachtung beim Diebstahl ist stets ein Problem der Gewahrsamsbegründung, nicht dagegen ein Problem eines Einverständnisses!

c) Allerdings hatte A vorliegend das Notebook noch offen in der Hand, als er von M gestellt wurde. Er hatte es weder unter der Kleidung versteckt, noch in einem mitgebrachten Behältnis verstaut. Dennoch hatte der A die alleinige tatsächliche Herrschaft über den Gegenstand hier bereits durch das bloße körperliche Ergreifen und Fortschaffen des Gegenstands erlangt. Das hat sich auch darin gezeigt, dass der Ladeninhaber seine Verfügungsgewalt nur gegen den Willen des A und unter Anwendung von körperlicher Gewalt wiederherstellen konnte.

Die Zueignungsabsicht ist ein subjektives Tatbestandsmerkmal, die Zueignung muss nicht verwirklicht sein.

3. A handelte **vorsätzlich**. A müsste auch **Zueignungsabsicht** gehabt haben. A ging davon aus – hinsichtlich der Enteignung reicht bedingter Vorsatz –, dass der bisherige Eigentümer aus seiner Verfügungsmacht dauerhaft verdrängt würde. Zugleich handelte er mit der Absicht, selbst diese Eigentümerrechte an der Sache auszuüben. Darauf, dass die erstrebte Zueignung letztlich nicht realisiert wurde, kommt es nicht an. Entscheidend ist eine entsprechende Zielvorstellung bei der Wegnahme. Die durch A geplante Zueignung war auch objektiv (zivilrechtlich) rechtswidrig. A hatte keinen Anspruch auf das spezielle Gerät.

4. Soweit A meinte, M hätte bei der Reparatur des eigenen Notebooks Schäden hieran verursacht, wäre diese Fehlvorstellung ein Tatbestandsirrtum nach § 16, wenn hierdurch – im Fall seines Vorliegens – tatsächlich ein Speziesanspruch gerade auf Übereignung des konkret weggenommenen Notebooks bestanden hätte oder wenn durch diese Fehlvorstellung die erforderliche Parallelwertung in der Laiensphäre beseitigt worden wäre. Die Rechtswidrigkeit der Zueignung ist ein normatives Tatbestandsmerkmal. A hätte jedoch bei unterstellter Beschädigung des in Reparatur gegebenen Geräts nur einen Schadenersatzanspruch aus § 280 Abs. 1 BGB geltend machen können, gerichtet auf Wiederherstellung des ursprünglichen Zustands oder auf eine entsprechende Geldleistung (§ 249 BGB), keinesfalls hätte er die im Eigentum des M befindliche Sache eigenmächtig als Schadenersatz an sich nehmen dürfen. Die Vorstellung des A bezog sich nicht auf Umstände, die die Rechtswidrigkeit der Zueignung ausschlossen. Sie beseitigte auch nicht die als vorhanden zu unterstellende Parallelwertung, dass man fremdes Eigentumsrecht zu achten hat. Vielmehr hat sich A ein von der Rechtsordnung nicht anerkanntes Selbsthilferecht vorgestellt, unterlag also einem für den Vorsatz bezüglich der Rechtswidrigkeit der Zueignung unerheblichen Subsumtionsirrtum.

5. A handelte **rechtswidrig** und **schuldhaft**. Ein etwaiger Irrtum, zur Wegnahme und Zueignung berechtigt zu sein, ist als Verbotsirrtum bei gehöriger Gewissensanspannung vermeidbar gewesen (§ 17 S. 2).

II. Die Tat könnte durch den Einsatz des Messers im zeitlichen Zusammenhang mit der späteren Mitnahme des Notebooks als **Raub** gemäß **§ 249 Abs. 1** anzusehen sein.

1. Das Vorhalten des Messers beinhaltete die schlüssige **Drohung mit Leibes- und Lebensgefahr**. Es ist auch zur vollendeten **Wegnahme** der fremden Sache gekommen.

2. Zwischen Drohung und Wegnahme muss jedoch aus Tätersicht eine funktionale Beziehung, ein sogenannter Finalzusammenhang bestehen, d.h. das **Zwangsmittel muss zur Ermöglichung oder Erleichterung der Wegnahme dienen.**[150] Daran hat es vorliegend gefehlt. A nahm das Gerät an sich, nachdem er bereits von M abgelassen hatte, als die Drohung bereits abgeschlossen war.

III. Auch **Raub** gemäß **§ 249 Abs. 1** durch den Kopfstoß scheitert am Finalzusammenhang. Zu diesem Zeitpunkt hatte A bereits neuen Gewahrsam begründet. Gewalt, die zur Sicherung bereits erlangter Sachherrschaft eingesetzt wird, dient nicht der Ermöglichung der Wegnahme.

IV. Durch den Kopfstoß und das anschließende Gezerre am Notebook könnte A einen **räuberischen Diebstahl** gemäß **§ 252** begangen haben.

1. A wurde bei einem Diebstahl **auf frischer Tat betroffen**, als M ihn auf dem Gehweg stellte. In dem Kopfstoß liegt eine Gewaltanwendung gegenüber einer schutzbereiten Person, und zwar zu einem Zeitpunkt, in dem die Wegnahme noch nicht beendet war.

2. A handelte mit **Vorsatz** und mit **Beutesicherungsabsicht**. Beim Kopfstoß verfolgte er noch das Ziel, den ausgeübten Besitz des gestohlenen Rechners zum Zweck der Zueignung zu erhalten. Er handelte **rechtswidrig** und **schuldhaft**.

§ 252 wird – auch in der Praxis – oft vergessen. Merke: Nur beim Diebstahl hat der Gesetzgeber die Beutesicherung mit qualifiziertem Zwang zum Verbrechen ausgestaltet. War die Vortat ein beliebiges anderes Delikt, ist die (auch unmittelbar) nachfolgende Verteidigung der Beute nur Nötigung!

V. Da der räuberische Dieb gleich einem Räuber zu bestrafen ist, gelten auch die Erschwerungsgrundsätze der §§ 250, 251, sodass A auch einen nach **§§ 252, 250 Abs. 2 Nr. 1** qualifizierten **besonders schweren räuberischen Diebstahl** begangen haben könnte, indem er zuvor das Messer gegen M einsetzte. Unbeschadet der Frage, ob das Messer eine Waffe darstellt oder als gefährliches Werkzeug eingesetzt wurde, hat der Bezug zum räuberischen Diebstahl gefehlt. Der Täter muss dieses Tatmittel bei der Tat verwenden. Dieser Zeitraum beginnt frühestens im Versuchsstadium der Wegnahme und reicht – wenn überhaupt – bis zu dessen Beendigung, mithin bis zur Beutesicherung.[151] Vorliegend hatte A das Messer aber ohne jeden Bezug zur Wegnahme bzw. Beutesicherung eingesetzt.

Der BGH hat die Sache wegen fehlender Feststellungen zur Beutesicherungsabsicht zur weiteren Aufklärung zurückverwiesen.

VI. Durch den Kopfstoß hat A zugleich eine vorsätzliche **Körperverletzung** gemäß **§ 223 Abs. 1** verwirklicht. Eine **gefährliche Körperverletzung** gemäß **§ 224 Abs. 1 Nr. 5** scheidet aus, da ein einfacher Kopfstoß in der Regel auch generell[152] als Behandlung nicht geeignet ist, das Leben zu gefährden.

Ergebnis: A ist wegen räuberischen Diebstahls in Tateinheit mit Körperverletzung gemäß §§ 252, 223, 52 strafbar.

---

150 BGH, Beschl. v. 24.02.2009 – 5 StR 39/09, NStZ 2009, 325.

151 Zum Meinungsstreit Fischer § 250 Rn. 18.

152 Vgl. zum unterschiedlichen Maßstab der Eignung Fischer § 224 Rn. 12.

12. Teil: Hehlerei

Fall 39: Neue Rechtsprechung: Absatzerfolg
(BGH, Beschl. v. 14.05.2013 – 3 StR 69/13, RÜ 2013, 643)

H bemühte sich im Einverständnis mit D sowie in dessen Interesse selbständig um den Verkauf mehrerer Gemälde im Werte von 1,5 Mio. €. Diese waren Jahre zuvor von Unbekannten aus dem Atelier des Malers gestohlen und von D in Kenntnis des Diebstahls günstig angekauft worden. Nach dem Tod des Malers beauftragte D den H, einen Käufer für die Bilder zu suchen und überbrachte ihm 13 Bilder. H hielt es für möglich, dass es sich bei dem D nicht um den Eigentümer der Bilder, sondern um einen Hehler handelte. Dies war ihm aber wegen der versprochenen Provision in Höhe vom 10 % des Verkaufspreises gleichgültig. Im Rahmen seiner Bemühungen fertigte er Photographien von den Bildern und sprach verschiedene potentielle Käufer an. Die Verkaufsbemühungen des H blieben erfolglos. Strafbarkeit des H?

I. H könnte sich durch seine Verkaufsbemühungen wegen **Hehlerei gemäß § 259 Abs. 1** strafbar gemacht haben.

1. Die Bilder müssten **hehlereitauglich** gewesen sein. Sie müssten **aus einem Diebstahl oder aus einem sonstigen Vermögensdelikt** stammen. Die ursprünglich gestohlenen Bilder hat sich D seinerseits durch Hehlerei verschafft, indem er die Bilder zu einem günstigen Preis angekauft hat. Da § 259 ein Vermögensdelikt ist, kann auch die Hehlerei selbst eine taugliche Vortat für die Hehlerei sein = Kettenhehlerei.[153]

2. Fraglich ist, ob H eine Hehlereihandlung begangen hat.

a) Er könnte sich die Bilder verschafft haben. Ein **Verschaffen** liegt vor, wenn der Hehler im einverständlichen Zusammenwirken mit dem Vortäter eine eigentümerähnliche Verfügungsgewalt über die Sache zu eigenen Zwecken erlangt.[154] Das trifft auf H nicht zu. H tritt als Verkaufskommissionär auf, der im Interesse und für Rechnung des Vortäters tätig ist.

b) H könnte jedoch die Tatvariante des Absetzens erfüllt haben. **Absetzen** bedeutet die wirtschaftliche Verwertung der bemakelten Sache durch selbständige Tätigkeit des Hehlers auf Rechnung des Vortäters.[155] Der Absetzende handelt in eigener Regie auf fremde Rechnung. Problematisch ist, dass H sich zwar um den Absatz bemüht hat, es aber im Ergebnis nicht zu einem Absatzerfolg kam.

Nachdem jetzt auch der BGH in Übereinstimmung mit dem Schrifttum die erfolgsbezogene Auslegung vertritt, be-

Absatzbemühungen genügen nicht für eine vollendete Hehlerei, erforderlich ist ein Absatzerfolg. Sowohl das Absetzen als auch die Absatzhilfe sprechen im **Wortlaut** für einen Absatzerfolg als gelungenes Veräußern. **Systematisch** zeigt der Blick auf die Tatvariante des Verschaffens in die gleiche Richtung. Das Verschaffen meint wie das Ankaufen den Übergang der selbständigen Vermögensgewalt vom Vortäter auf den Hehler. Es

153 Fischer § 259 Rn. 3.
154 Wessels/Hillenkamp BT 2 Rn. 847.
155 Wessels/Hillenkamp BT 2 Rn. 859.

besteht kein Grund, einen solchen Übergang nicht auch beim Absatz anzunehmen. Letztendlich ist es der **Schutzzweck der Strafvorschrift**, der für einen Absatzerfolg spricht.[156] Rechtsgut ist das durch die Vortat verletzte Vermögen, der Strafgrund der Hehlerei ist die Aufrechterhaltung der durch die Vortat geschaffenen rechtswidrigen Vermögenslage, die sog. **Perpetuierung der rechtswidrigen Vermögenslage.**[157]

darf es keiner umfassenden Diskussion dieser „alten" Streitfrage mehr. Begründen Sie in wenigen Worten, warum es eines Absatzerfolges für die Tatvollendung bedarf. „Fraglich" ist das heute nicht mehr.

Dieses Erfolgsunrecht wird erst mit dem Absatzerfolg verfestigt. H jedoch hat einen solchen Absatzerfolg nicht erreicht.

H hat sich **nicht wegen vollendeter Hehlerei nach § 259 Abs. 1** strafbar gemacht.

II. H könnte sich durch seine Absatzbemühungen **wegen versuchter Hehlerei nach §§ 259 Abs. 3, 22** strafbar gemacht haben.

1. H müsste **Tatentschluss** im Hinblick auf eine nach § 259 Abs. 3 als Versuch strafbare Hehlerei gehabt haben, also Hehlereivorsatz und Bereicherungsabsicht. Der Vorsatz des H war darauf gerichtet, die Bilder selbständig auf Rechnung des D zu verkaufen. Er wollte absetzen. Dabei nahm er die deliktische Herkunft der Bilder in Kauf, da es ihm gleichgültig war, dass diese möglicherweise von D im Wege der Hehlerei erlangt waren. Neben dem Hehlereivorsatz hatte H auch die notwendige Bereicherungsabsicht, da er 10% Verkaufsprovision bei Absatzerfolg erhalten sollte.

Vermeiden Sie eine Vorprüfung beim Versuch. Das wirkt „anfängerhaft".

2. Fraglich ist, ob H mit seinen Verkaufsbemühungen bereits unmittelbar zum Absetzen angesetzt hat. Ein **Ansetzen** liegt vor, wenn der Täter die Vorstellung hat, dass das bedrohte Rechtsgut – hier das Vermögen – durch sein vorgelagertes Verhalten in Gefahr ist, weil es keiner wesentlichen Zwischenschritte mehr zur endgültigen Tatbestandsverwirklichung bedarf oder weil zumindest die Opfersphäre zeitlich und örtlich unmittelbar berührt ist.

Das bloße Ansprechen potentieller Käufer ist kein unmittelbares Ansetzen zum Absetzen, solange diese nicht auf das Angebot reagieren und es zu erfolgversprechenden Verkaufsverhandlungen kommt. Vorliegend befand sich H noch in der straflosen Vorbereitungsphase.

Verwenden Sie diese Kombinationsformel, so macht es auch der BGH.[158]

H hat sich **nicht wegen versuchter Hehlerei** strafbar gemacht.

III. H könnte sich durch seine Verkaufsbemühungen **wegen Begünstigung nach § 257 Abs. 1** strafbar gemacht haben. **Hilfeleistung i.S.d. § 257** meint jedes Verhalten, das objektiv geeignet ist, dem Vortäter die unmittelbaren Vorteile des Vortat gegen Entziehung zu sichern.[159] Das soll beim Leisten von Hilfe beim Absatz der Deliktsbeute der Fall sein.[160] H handelte auch vorsätzlich. Da er jedoch nicht mit der drohenden Entziehung der Beute und der Wiederherstellung des gesetzmäßigen Zustandes gerechnet hat, hat ihm die Absicht, die Tatvorteile gegen Entziehung zu sichern, gefehlt.

Ergebnis: H ist straflos.

---

156 Fischer § 259 Rn. 18; Wessels/Hillenkamp BT 2 Rn. 864.

157 Wessels/Hillenkamp BT 2 Rn. 823.

158 BGH, Urt. v. 13.09.1994 – 1 StR 357/94, BGHSt 40, 257, 268.

159 Wessels/Hillenkamp BT 2 Rn. 809.

160 Wessels/Hillenkamp BT 2 Rn. 815; aber BGH, Beschl. v. 14.05.2013 – 3 StR 69/13, RÜ 2013, 643; anders Hoffmann-Holland/Kretschmer BT Rn. 1168.

Fall 40: Begünstigung bzw. Beihilfe zum Diebstahl oder zur Hehlerei bei Zurverfügungstellung des eBay-Accounts an einen Dritten zum Verkauf von Diebesgut
(BGH, Beschl. v. 29.04.2008 – 4 StR 148/08, RÜ 2008, 511)

A stellte seinem Bruder Z regelmäßig seinen eBay-Account zur Verfügung. Spätestens seit Anfang 2005 war A auch damit einverstanden, dass Z über diesen eBay-Account von ihm selbst oder von Dritten gestohlene Sachen verkaufte. Die jeweiligen Käufer zahlten den Kaufpreis auf ein Girokonto des A ein, der den entsprechenden Betrag dann von seinem Konto abhob und das Geld bar an seinen Bruder Z aushändigte. A wollte seinem Bruder dadurch beim Absatz gestohlener Waren helfen. Dass A selbst einen Teil der Verkaufserlöse für sich behielt, konnte nicht festgestellt werden. Auf diese Weise veräußerte Z im Zeitraum von Mitte Mai 2005 bis Mitte April 2006 in vier Fällen aus Diebstählen stammende Gegenstände über den eBay-Account des A, wobei in zwei Fällen die Gegenstände von Z selbst gestohlen worden waren, während er sich in zwei weiteren Fällen die Gegenstände in Kenntnis von deren Herkunft verschafft hatte. Während der gesamten Zeit befürchteten weder der A noch dessen Bruder Z einen Zugriff der Ermittlungsbehörden.

Strafbarkeit des A?

A. Das Zurverfügungstellen des eBay-Accounts

I. Indem A Anfang 2005 sein Einverständnis zur Nutzung seines eBay-Accounts gab, könnte er wegen **Beihilfe zum Diebstahl** und zur **Hehlerei** gemäß **§§ 242, 27** und **§§ 259, 27** strafbar sein.

1. Zwischen Mai 2005 und April 2006 hatte Z zwei Objekte selbst entwendet und zwei durch Hehlerei erlangt. Entsprechende **vorsätzliche und rechtswidrige Haupttaten** liegen vor.

2. Hierzu müsste A **Hilfe geleistet** haben. Beihilfe kann durch „Rat und Tat" (psychisch und physisch) geleistet werden. Vorliegend ist die bereits vor den Taten zugesagte Unterstützung beim späteren Beuteabsatz als psychische Förderung dieser Taten anzusehen.

3. A besaß auch den erforderlichen **Gehilfenvorsatz**. Er handelte **rechtswidrig** und **schuldhaft**.

4. Fraglich ist, ob **hinsichtlich jedes Tatobjekts eine selbstständige oder insgesamt nur eine einzige Beihilfehandlung vorliegt**. Es ist davon auszugehen, dass der A seinem Bruder von vornherein für dessen nachfolgende Straftaten die Benutzung seines eBay-Account gestattete, ohne dass dies insoweit jeweils ein erneutes Tätigwerden des A verlangte. Hat er damit aber seinem Bruder einmal allgemein gestattet, künftig seinen eBay-Account für die Verkäufe zu nutzen, hat er sich ungeachtet der mehreren selbständigen Straftaten seines Bruders rechtlich nur einer einheitlichen Beihilfehandlung schuldig gemacht.

Da sich diese Beihilfehandlung auf zwei verschiedene Haupttaten mit je zwei Tatobjekten bezog, nämlich Diebstahl und Hehlerei, werden diese zur Tateinheit verbunden.

II. In dem Versprechen, das Konto zur Verfügung zu stellen, könnte auch eine **Beihilfe zum Betrug** gegenüber und zulasten der Erwerber liegen, **§§ 263, 27**. Dann müsste eine entsprechende Haupttat des Z vorliegen. Mit der Behauptung, verfügungsberechtigt zu sein, könnte er die Erwerber getäuscht und diese zu entsprechenden Vermögensverfügungen durch Zahlung des Kaufpreises veranlasst haben. Allerdings fehlen Feststellungen zum Vorstellungsbild der Erwerber. Es ist nicht auszuschließen, dass diese ihrerseits Vorsatz zu einem Erwerb als Hehler hatten, also nicht in einen Irrtum über die deliktische Herkunft der Ware geraten sind.[161] Daher muss die Annahme von Betrügereien nach dem Grundsatz in dubio pro reo ausscheiden. Dadurch fehlt die Grundlage für eine Beihilfestrafbarkeit des A.

III. A könnte eine **Hehlerei** in Form der Absatzhilfe gemäß **§ 259 Abs. 1** begangen haben, indem er Z die Kontoverbindung zur Verfügung stellte.

Absatzhilfe bedeutet ein unselbständiges und weisungsgebundenes Hilfeleisten beim Absatz, der durch den als Hehler tatbestandslos handelnden Vortäter selbst bewirkt wird.[162]

Absatzhilfe meint: (nur) Hilfe beim Absatz durch den Vortäter!

1. Der **äußere Tatbestand** ist vorliegend anzunehmen. Der Bruder als Vortäter – sei er Dieb, sei er Hehler – nahm selbst den Absatz der deliktisch erlangten Sachen durch die Versteigerung vor. Hierbei unterstütze ihn der A mit seinen Handlungen vorsätzlich.

Nicht etwa: Hilfe beim Absatz durch den Hehler! Das ist Beihilfe zu § 259.

2. Allerdings handelte A nicht mit der notwendigen **Bereicherungsabsicht**. Laut Feststellungen wollte er sich selbst keinen Vermögensvorteil verschaffen, er handelte allein mit der Zielvorstellung, seinen Bruder zu bereichern. Der Z als Vortäter ist indes nicht „Dritter" im Sinne einer Hehlerei, wie der Wortlaut belegt: Der Vortäter ist der „andere", der das Tatobjekt zunächst erlangt hat, er kann demgemäß nicht zugleich „Dritter" sein, dem etwas verschafft wird bzw. zu dessen Gunsten die Bereicherung einsetzen soll.

Unterscheide: „Wer eine Sache, die ein *anderer* gestohlen … hat, sich oder einem *Dritten* verschafft, ... um sich oder -einen *Dritten* zu bereichern."

IV. Infrage kommt **Begünstigung** gemäß **§ 257 Abs. 1** durch die Eröffnung des Zugriffs auf das eBay-Konto.

1. Hilfeleisten ist jede Handlung, die objektiv geeignet ist, dem Vortäter die Vorteile gegen Entziehung zu sichern. Unter Vorteil versteht man jede unmittelbare Besserstellung für den Vortäter, also auch die Möglichkeit, die aus Diebstahl und Hehlerei stammende Beute überhaupt veräußern zu können.[163] Diese Voraussetzung erfüllt vorliegend die Zurverfügungstellung des Kontos.

2. A handelte mit **Vorsatz**. Er müsste zudem mit **Vorteilssicherungsabsicht** gehandelt haben. Es muss dem Täter darauf ankommen, die Wiederherstellung des gesetzmäßigen Zustandes zu verhindern oder zu erschweren (sogenannte: Restitutionsvereitelungsabsicht). Davon kann vorliegend nicht ausgegangen werden. Weder der A noch sein Bruder befürchteten im Tatzeitraum einen Zugriff der Ermittlungsbehörden.

B. Gutschreibenlassen und Auskehrung der Verkaufserlöse an Z

---

161 Vgl. dazu LG Karlsruhe, Beschl. v. 28.09.2007 – 18 AK 136/07, RÜ 2008, 35.

162 Hoffmann-Holland/Kretschmer BT Rn. 1201.

163 Fischer § 257 Rn. 6; Wessels/Hillenkamp BT 2 Rn. 809; anders Hoffmann-Holland/Kretschmer BT Rn. 1168.

I. Hehlerei gemäß **§ 259 Abs. 1** durch Gutschrift der eingegangenen Erlöse auf dem Konto des A scheidet aus. Das auf dem Konto eingegangene „Giralgeld" ist keine körperliche Sache. Bloße Forderungen können nicht Gegenstand einer Hehlerei sein.

II. A könnte aber durch Auskehren des Geldes an Z eine **Hehlerei** gemäß **§ 259 Abs. 1** in Form des Absetzens begangen haben.

Dann müsste das **weitergegebene Bargeld** eine **Sache** sein, die ein anderer gestohlen oder sonst **aus einer Vermögenstat erlangt** hat.

1. Die durch Z begangenen Diebstähle bzw. Hehlereien an den verkauften Sachen scheiden als Vortat aus. Insoweit ist das ausgezahlte Geld an die Stelle der zunächst deliktisch erlangten Sachen getreten und als **Ersatzsache nicht taugliches Objekt einer Hehlerei**, da das ausgezahlte Geld nicht unmittelbar durch Diebstähle oder Hehlerei erlangt worden ist. Ersatzsurrogate sind nicht hehlereitauglich.

2. Unabhängig davon, ob Z betrügerisch gehandelt hat, sind betrügerisch erlangte Bankguthaben keine Sachen und damit kein tauglicher Gegenstand der Hehlerei.[164]

Hehlerei scheidet bezüglich der Auskehrung des Geldes aus.

Lesen Sie § 261 Abs. 1 Nr. 4 genau – häufiger Fehler!

III. Es kommt eine Strafbarkeit des A durch Auskehrung des Geldes wegen **Geldwäsche** gemäß **§ 261 Abs. 1, Abs. 2 Nr. 1, Nr. 4** in Betracht. Dann müsste A einen Gegenstand, der aus einer Vortat i.S.v. § 261 Abs. 1 S. 2 herrührt, sich oder einem Dritten verschafft haben. Hier fehlt es an einer vorausgegangenen Katalogtat. Ein zuvor begangenes Verbrechen scheidet aus. Ebenso ist nicht ersichtlich, dass eines der zuvor durch Z begangenen Vergehen – §§ 242, 259 – gewerbsmäßig verwirklicht wurde.

IV. Schließlich könnte die Auskehrung des Erlöses eine **Begünstigung** gemäß **§ 257 Abs. 1** darstellen. Dann müsste A seinem Bruder in der Absicht Hilfe geleistet haben, ihm die Vorteile der Tat zu sichern. Vorliegend wollte A seinem Bruder den Kaufpreis erhalten, der als Surrogat an die Stelle der zuvor deliktisch erlangten Sachen trat. Insoweit kann erwogen werden, dass die Begünstigung wegen ihres unterschiedlichen Wortlauts zur Hehlerei – Vorteile statt Sache – eine Sicherung des nur mittelbar erlangten Vorteils ausreichen lässt. Tatsächlich ist aber auch die Begünstigung nur strafbar, soweit dem Vortäter dadurch die unmittelbaren Vorteile der Tat gesichert werden sollen, die er zur Zeit der Begünstigungshandlung noch innehaben muss.[165] Denn um die Vorteile der Tat handelt es sich nicht mehr, wenn dem Vortäter sich erst aus der Verwertung der unmittelbaren Tatvorteile ergebende wirtschaftliche Werte zugewendet oder gesichert werden sollen. Der Erlös aus einem Verkauf des Erlangten ist kein unmittelbarer Vorteil, der Gegenstand der Begünstigung sein kann.

Ergebnis: A ist wegen Beihilfe zum Diebstahl in Tateinheit mit Beihilfe zur Hehlerei strafbar.

---

164 AnwK-StGB/Scheffler § 259 Rn. 9.

165 Hoffmann-Holland/Kretschmer BT Rn. 1164.

STICHWORTVERZEICHNIS

Die Zahlen verweisen auf die Seiten.